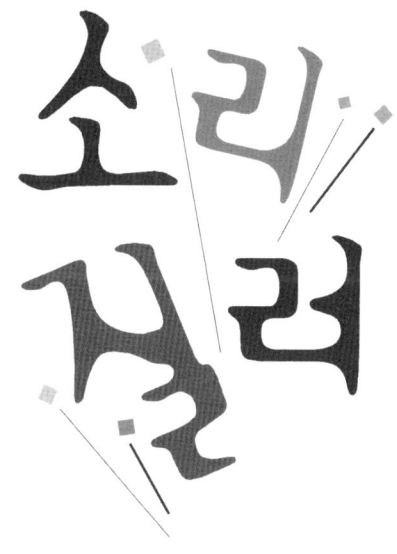

소리 질러

차례

intro … 7

신입부원 … 19

난 다른 종교가 있단 말이에요 … 41

등반대회 상금을 노려라 … 63

5자회, 연극 구경을 가다 … 93

잃어버린 소를 찾아서 … 121

경주답사 … 151

5자회, 작가에 도전하다 … 177

숨은 출구 찾기 … 207

outro … 241

intro

3월이 되자 캠퍼스가 갑자기 북적거리기 시작했다. 겨우내 비어 있던 강의실이 수강생들로 꽉꽉 채워졌고 식당이며 도서관이며 모두 새로운 활기로 가득찼다. 캠퍼스 곳곳을 거니는 학생들의 얼굴에도 벌써 환한 봄이 와 있었다. 방학이라고 해서 아주 발길을 끊었던 것은 아니지만 지난 학기 내내 누비고 다녔던 캠퍼스가 어쩐지 많이 달라진 듯 보였다.

사람들은 잘 몰랐지만 캠퍼스는 계절에 따라 여러 가지 표정을 지었다. 노란 은행잎이 색종이처럼 허공에서 나풀거리며 온 교정에 금색 융단을 깔 때쯤 겨울방학이 시작됐다. 그리고 지금은 잎이 떨어졌던 자리에서 아기 손톱만한 연두색 움이 트려 하고 있었다. 아직은 마른 가지만 뻗고 있는 것처럼 보이는 교정의 나무들은 모처럼의 소란이 즐거워 얼어 있던 몸을 조심스레 풀기 시작했다.

모두들 상기된 얼굴을 하고 있는 가운데 울그락불그락 금방이라도 폭발할 것만 같은 얼굴로 학생회관 앞 가파른 계단을 오르는 남자가 있었다. 남자는 족히 백 킬로그램은 돼 보였다. 그의 얼굴엔 사인펜으로 그린 듯 동그란 안경이 딱 달라붙어 있었다. 그가 한 걸음 한 걸음 옮길 때마다 얼굴 가득 맺혀 있던 땀방울이 코끝과 턱 아래로 모여 뚝뚝 떨어졌다. 3월이라 해도 바람은 아직 찼고 사람들은 두꺼운 외투를 벗지 않았다. 계단을 오르내리는 학생들이 수상하다는 듯 그를 흘깃거렸다.

　남자는 잠시 걸음을 멈추고 절대 흘러내릴 일 없을 듯한 안경을 한 번 추어올리곤 계단 끝을 바라봤다. 계단 끝에서부터는 다시 비탈길이 이어지고 있었다. 어느덧 8년. 참 오래도 밟아 왔지만 쉽게 정 붙이기 힘든 길이었다. 간혹 자신처럼 육중한 몸을 이끌고 고행하듯 걷는 학생들을 보면 왠지 모르게 서러워지곤 했다. 봄이 오고 날이 풀리는 것이 남자 같은 거구에겐 그렇게 반가운 일만은 아니었다. 유치하고 억지스러운 줄 알면서도 교문에서 학교 꼭대기에 있는 명진관까지 에스컬레이터를 타고 가만히 서서 이동하는 모습을 자주 상상했다. 그것은 비단 남자만의 공상은 아니었다. 4학년이 되면 코끼리 다리가 된다는 괴소문 때문에 여학생들은 학교의 비탈길을 두려워했다. 두려움은 소망과 소문을 낳았고 소문은 사실을 만들었다. 에스컬레이터를 설치한다는 이야기가 8년 내내 농담에 감싸인 채 학내를 떠돌아다니더니 장충공원 쪽에서 학교 방향으로 에스컬레이터가 놓였다. 그러다보니 이젠 지하철과 학교의 지하가 연결되어 팔정도까지 직행할 수 있는 엘리베이

터가 만들어질 수도 있다는 소리도 들렸다. 남자는 언젠가는 그것을 누리게 될지도 모르는 후배들이 부러웠다. 남자가 다시 발을 떼려는데 수많은 학생들이 왁자지껄 떠들며 우르르 올라갔다. 급경사의 긴 계단을 단숨에 오르내리는 것이 남자의 눈엔 마치 축지법을 쓰는 것처럼 보였다.

'새내기들이군.'

남자는 부러운 눈으로 그들을 바라봤다.

새내기들은 어디에서든 딱 티가 났다. 전 새내기예요, 하고 명찰을 달고 다니는 것도 아닌데 남자처럼 학교에 오래 다닌 사람들은 쉽게 구분할 수가 있었다. 그들은 적게는 서너 명, 많게는 스무 명도 넘게 몰려다녔다. 게다가 뽐내기를 하듯 몸짓이며 목소리가 커 한눈에 알아볼 수 있었다. 캠퍼스가 활기로 넘치는 건 사소한 일에도 왁자하게 웃을 줄 아는 새내기들 덕분이었다. 남자는 계단을 하나하나 밟아 오르며 생각했다.

'좋을 때지. 나도 분명히 저랬을 거야.'

그는 계단을 다 오른 뒤 다시 숨을 잠시 고르고 발길을 서둘렀다. 만해광장을 끼고 돌아 팔정도로 올라가는 길도 만만치 않았다. 살을 빼야겠단 생각보다는 화가 나고 있었다.

'이 자식들 한 놈이라도 늦기만 해 봐라.'

숨이 차오를수록 후배 최상록의 얼굴이 유난히 밉상스럽게 떠올랐다. 어젯밤, 단잠에 들 시간에 전화가 걸려왔다. 남자는 그것부터가 마음에 들지 않았다. 자는 것과 먹는 것을 방해받지 않는 세상이 온다면 그때가 바로 태평성대지. 남자는 그런 생각을 하며 전화를 받았다. 전화 저편에서 들려오는 상록의 목소리는 자못 비장했다. 시계는 막 자정을 가리키고 있었다.

"형, 이제 우리도 뭔가 해야 하지 않아요?"

남자는 상록의 뜬금없음과 진지함에 숨이 막힐 것만 같았다. 주변의 시끄러운 잡음에 섞여 노랫소리가 들리는 걸로 봐서 술자리인 듯했다.

"또 심각병이 도졌구만? 술 마셨으면 얼른 들어가서 발 닦고 잠이나 자."

"농담하실 때가 아니라고요. 그들이 몰려왔잖습니까."

"뭐가 몰려와?"

"고4들 말이에요. 신입생들!"

상록은 전쟁이라도 일어난 것처럼 흥분하고 있었다. 말하는 투가 컴퓨터 앞에 앉아 밤샘 수성전守城戰을 불사할 때와 비슷했다.

"그래서?"

"그래서라니요. 우리가 구원해야 할 후배들이라구요."

"구원 받아야 할 사람은 따로 있는 것 같다, 야. 이 밤중에 대체 이게 뭐하는 거냐고."

"계획이 있어요."

"아, 이 자식. 진짜 말귀 못 알아듣네. 구원을 하든 지옥행을 보내든 너네들끼리 알아서 하라니까. 야, 상록아. 나 좀 제발 재워 주라. 내일 수업에서 발제해야 돼, 그것도 오전에."

"형이 그렇게 말하면 안되죠. 형 같은 대학원 선배가 우리 뒤에 딱 있어 줘야 모양이 산다니까요."

"나 같은 늙다리가 끼면 민폐야. 너도 잘 알면서 그러냐."

"그런 식으로 빠져나갈 생각 마세요. 민폐는 무슨. 모레 목요일 두 시로 잡아놨습니다. 애들 공강 시간이 들쭉날쭉해서 그때밖에 안돼요. 그럼 안녕히……."

전화는 맥 빠지게 끊겼다. 남자는 상록의 말을 무시하기로 하고 다시 잠을 청했다. 그러나 후배들의 계획이란 것 때문에 마음이 괜히 뒤숭숭해지기만 했다. 보나마나 동아리에 신입생을 들이자는 소리일 터였다. 동아리…… 학생회관에 방 하나 없는 동아리였다. 그냥 친목 모임 정도로 지내다 말 거라고 생각했는데 좀처럼 흩어지려 하지 않기에 놔뒀더니 여기까지 온 것이었다. 남자로서는 썩 반갑지 않은 일이었다. 그냥 귀찮았다. 지금은 진짜 대학생이 되어 나름대로 잘해나가고 있지만 처음 만났을 땐 앞날이 깜깜한 어리보기들에 지나지 않았다. 최상록, 한명진, 조정도. 그리고 이제 겨우 자대배치를 받았다는 서진규와 이번 학기에 휴학한 이세화……. 남자는 그들을 처음 만났을 때를 떠올렸다.

딱 1년 전이었다. 교양 철학 강좌를 수강 신청했는데 팀을 짜서 진행한다는 소리를 들었을 때 남자는 무척 당혹스러웠다. 4학년 1학기였던 그는 조기졸업을 앞두고 있었다. 학점을 꽉꽉 채워 수강신청하면서 전공과 관련된 과목이라 조금이라도 편하게 들어보려 했던 강좌인데 팀까지 짜라고 하며 귀찮게 할 줄은 몰랐던 것이다. 교수님이 무작위로 뽑아 짜준 팀은 그야말로 오합지졸이었다. 팀원들은 1학년 아니면 고작해야 2학년이었다. 각자 다른 세상에서 온 것마냥 분명한 색깔을 가졌으나 정리되지 않은 개성에 불과했다. 그리고 들끓던 열정에 비해 그것을 다룰 연륜과 내공은 부족했다. 교양 과목이라지만 수업 내용은 전공 못지 않게 어려웠고 때문에 자칫하면 자신의 조기졸업뿐만 아니라 후배들의 3학점을 망쳐 버릴 수도 있었다. 허둥지둥대는 후배들을 붙들어 앉혀 철학사를 뒤지고 주제를 토론하고 발표문을 준비하며 모처럼 팽팽한 긴장감을 맛봤다. 지금도 그때처럼 할 수 있을까? 그는 고개를 저었다. 그가 그의 선배들에게서 배운 것들을 후배에게 물려줬듯이 이제는 후배들의 몫으로 넘겨줘야 했다.

'아, 이젠 정말 귀찮아……'

남자는 팔정도에 올라 다시 심호흡을 했다. 일찍 나선 덕분에 모임 시간까지는 10분쯤 여유가 있었다. 그는 코끼리상 앞에 앉아 잠깐 봄볕을 쬐기로 했다. 아직 겨울의 그림자가 묻어 있는 봄바람이 그의 얼굴을 시원하게 훑고 지나갔다. 스르륵 눈을 감는 그의 표정이 맞은편에 서 계신 부처님의 얼굴과 비슷했다.

어디선가 물 뿜는 소리가 들리는 것 같았다. 세 마리의 코끼리 상이 오기 전, 그가 앉아 있는 곳은 원래 분수대였다. 햇살이 좋은 날엔 분수대의 하얀 물줄기 위로 쌍무지개가 걸리기도 했다. 아름다운 장면이었다. 캠퍼스를 누비다가 분수대 근처에 앉아 잠시 한가로운 시간을 즐기고 있으면 이런 게 대학의 낭만이구나 싶기도 했다.

분수대의 기억이 모두 낭만적인 것은 아니었다. 언제부터인지는 모르지만 생일을 맞은 친구를 분수대에 빠트리는 게 무슨 전통이나 되는 것처럼 굳어져 있었다. 하루에도 몇 명이나 물에 빠져 골탕을 먹는 장면을 보곤 했다. 1학년이던 그 역시 마찬가지였다. 생일인 친구를 물속에 던져 넣고 신나게 웃다 보면 누군가 등을 떠밀어 앞선 친구와 같은 꼴이 되고 말았다. 그 뒤로 다른 친구들도 우르르 뛰어들었다. 미처 지갑 같은 소지품을 빼놓지 않았던 탓에 큰 낭패를 당했지만 그 순간만큼은 마냥 즐겁기만 했다.

'뭐가 그렇게도 우스웠는지……'

기억나는 거라곤 구정물과 다름 없던 분수대 웅덩이뿐이었다. 그런 곳에서 첨벙거리면서도 깔깔대던 자신과 친구들의 모습이 눈앞에 아른거렸다. 완전히 물에 빠진 생쥐꼴을 하고서 발발발 떨면서도 웃었다. 재밌어서 웃고, 웃겨서 웃고, 웃다 지쳐서 웃었다. 단순히 1학년이었기 때문이었을까? 어느새 8년이나 시간이 지나 버렸다. 그는 정말이지 아무것도 기억나지 않았다. 후배들이 새로 들어올 때마다 선배인 척, 어른인 척하다 보니 마음은 식어갔고 움직이는 게 귀찮아지기 시작했다. 몸은 날이 갈수록 불었다. 돌이켜보면 공부가 재밌다는 핑계로 사소한 즐거움들을 많이 잃어 버리며 살아온 듯했다.

"오빠!"

물장구치는 소리를 걷어 젖히며 누군가 그를 불렀다. 그는 목소리만으로도 누군지 알 수 있었다.

"선배라고 부르라니까."

그는 여전히 볕바라기를 하며 눈도 뜨지 않고 과장되게 근엄한 척하며 대답했다. 그러나 명진에게 자신을 선배라고 부르라고 한 건 마음에도 없는 소리였다.

"딱딱해서 싫다니까."

한명진이 그의 말투를 흉내냈다. 캠퍼스를 거닐던 사람들이 그 둘을 흘끔거렸다. 언뜻 곰처럼 보이는 남자와 봄 새싹만큼이나 싱그러워 보이는 여학생이 나란히 앉아 있는 게 미녀와 야수, 요정과 괴물을 떠올리게 했기 때문이었다. 그러거나 말거나 그는 한명진에게 눈길도 주지 않고 아까 같은 말투로 물었다.

"대체 뭘 하려는 건데 사람을 오라 가라야?"

"가 보면 알 텐데 뭘."

"귀찮은 건 딱 싫다."

"왜 그래. 어제 우리끼리 얘기 다 해놨단 말이야. 상록이 걔가 뭐라고 했는 줄 알아? 우리를 키운 건 팔할이 신동국 형이다. 동국이 형은 반드시 합류해야 한다. 걔, 그렇게 잘난 척해도 오빠 없으면 아무것도 못하잖아."

신동국은 갑자기 뭔가가 생각나 눈을 번쩍 떴다. 그리고 한명진 쪽으로 얼굴을 바짝 들이대며 물었다. 근엄한 척하던 모습은 온데간데없었다.

"방금 너, 뭐라 그랬냐?"

명진이 재빨리 몸을 뒤로 빼지 않았다면 그대로 둘의 얼굴이 부딪칠 뻔했다.

"뭐, 뭐가?"

"상록이 녀석이 뭐가 어떻다고?"

그의 가느다란 눈이 안경 너머에서 예리하게 빛났다. 한명진의 얼굴이 갑자기 빨갛게 달아올랐다.

"아니, 난 그냥…… 흉보려고 한 게 아니고…… 아이 씨, 오빠도 알잖아 뭐! 걔 좀 재수없게 잘난 척하는 거. 난 거짓말은 못한단 말야……."

신동국이 계속해서 뚫어져라 쳐다보고 있으니 한명진은 입술을 삐쭉거리며 큰 잘못을 한 것마냥 고개를 숙였다.

"알았어…… 다시는 남 흉 안 볼게."

"가자. 할 일이 생겼어."

동국은 그렇게 말하고 훌쩍 일어났다. 더 이상 비탈길을 오르며 숨을 가쁘 쉬던 물살 덩어리가 아니었다. 무언가가 자신을 끌어당기고 있기라도 한 듯, 혹은 사냥감 냄새를 맡은 맹수처럼 성큼성큼 걸어갔다.

한명진은 헷갈렸다. 마냥 마음씨 좋은 선배지만 후배들이 눈앞에서 싸우는 꼴은 절대 못 보는 사람이었다. 뒤에서 험담하는 건 더더욱 있을 수 없는 일이었다. 그의 표현에 따르면 대학생으로서는 절대 해서는 안될, 지극히 비열한 짓 중 하나가 남 험담이었다. 행여 그에게 들키는 날엔 그가 사납고 엄한 선배로 변신하는 걸 반드시 보게 되었다. 비유하자면 아기 곰돌이가 석달 열흘은 굵은 불곰이 되는 것이었다.

한바탕 혼쭐이 날 줄 알았다가 의외의 반응에 놀란 건 한명진뿐만이 아니었다. 빈 강의실을 잡고 기다리고 있던 최상록과 조정도는 문을 벌컥 열며 등장하는 신동국의 모습에 어리둥절했다. 그는 얼굴 가득 웃음을 머금고 나타나서는 둘의 어깨를 와락 붙들었다. 열어둔 문으로 한명진이 헐레벌떡 뛰어 들어왔다. 신동국이 우렁찬 목소리로 말했다.

"그래, 신입생들을 포섭하겠단 말이지? 좋아. 해보자."

최상록은 제 어깨에 무겁게 얹혀 있는 손을 치우며 불퉁거렸다.

"뭐예요? 형 혹시 조울증 있어요? 그저께 전화할 땐 딴소리더니?"

동국은 미소를 거두고 눈을 가늘게 떴다. 코끼리상 앞에 앉아 한명진에게 하던 것과 같았다. 최상록은 순간적으로 긴장했다.

"이자식. 선배한테 하는 말 버릇이 그게 뭐냐."

"아, 그게, 아니구요. 우린 형이 자꾸 튕기면 어떡하나 하고 진짜 고민하고 있었단 말이에요."

신동국이 말을 듣자마자 최상록의 어깨를 한 번 더 쳤다.

"와하하. 농담이야 농담. 긴장하긴. 생각이 바뀐 거야. 상록이 너, 나 없으면 아무것도 못한다며? 그래서 결심했지, 내 새끼는 내가 확실히 책임진다. 자, 이제부터 바짝 긴장해라. 선배는 아무나 되는 게 아니거든. 하하하."

최상록과 조정도, 그리고 한명진은 서로의 얼굴을 바라보며 영문을 알 수 없다는 듯 고개를 갸웃거렸다. 신동국은 오랫동안 알 수 없는 미소만 짓고 있었다.

신입 회원 모집

신개념 리얼 생존 동아리

자급, 자족, 자성, 자긍, 자존

5·자·회

살아남고 싶다면,

늦기 전에 합류하시오

문의: 최상록(사회학과 2학년)

010-0000-XXXX

신입부원

"이래 가지고 한 명이나 올까?"

상록은 게시판에서 두어 걸음 떨어져 방금 붙인 5자회 포스터를 물끄러미 바라보다 정도에게 물었다. 정도는 한 손으로 턱을 만지작거리며 대답을 미뤘다.

게시판은 학내 동아리들의 신입생 쟁탈전을 방불케 했다. 락밴드, 문학, 광고, 댄스, 검도 동아리를 비롯해 응원단, ROTC, 방송국, 신문사 등 학교의 여러 기관에서도 신입부원을 끌어들이기 위해 혈안이 되어 있는 듯했다. 규모가 크고 활발하게 활동하는 동아리일수록 광고의 질이 남달랐다. 몇 군데는 아예 대행업체에 맡긴 것인 듯 매우 '프로페셔널'했다. 돈이 없는 동아리들은 톡톡 튀는 아이디어로 승부를 걸었다. 유행어를 패러디하거나 유명한 만화 캐릭터를 직접 그려 넣어 말풍선을 달기도 했다. 상록과 정도는 그들 사이에 뻔뻔스러우리만치 아무

꾸밈도 없이 붙어 있는 5자회 신입회원 모집 포스터를 오랫동안 바라봤다. 새하얀 전지에 모집 공고만 성의 없이 휘갈겨 써 놓은 종이를 보고 있자니 과연 어떤 신입생이 이런 포스터에 관심을 가져줄까 싶었다.

"겉모습만 보고 판단하는 녀석들은 우리와 인연이 없는 거고, 저 허술한 듯한 종이 뒤에 숨겨진 의미심장한 뜻을 알아본다면 우리들과 만나는 거지. 너무 그렇게 풀죽어 있지 마. 어중이떠중이가 모여드는 것보다는 훨씬 나아."

정도는 의미심장하게 말하고 상록의 어깨를 툭 쳤다. 상록은 정도의 말을 믿고 싶었지만 아무래도 마음이 놓이지 않았다. 어쨌거나 오늘 안에 학교의 게시판이란 게시판엔 모조리 모집 공고를 붙여야만 했다.

"미안해. 늦었지."

명진이 도착한 것은 점심시간이 되어서였다. 아침에 상록과 정도를 만나 함께 포스터를 붙이기로 했지만 약속 시간을 훨씬 넘겨 도착한 것이었다.

"너 또 미드랑 일드 본다고 늦었지?"

정도는 늘 이런 말을 억양도 없이 건조하게 내뱉곤 했다. 미안하다는 말을 누르고 몰아붙이는 그의 말에 명진은 마음 한 구석이 뜨끔했다. 외국드라마를 밤늦게까지 챙겨 보는 것은 명진의 몇 안되는 취미 생활 중 하나였다. 이런 명진의 마음을 아는지 상록은 아무런 말도 하지 않고 자리에서 일어서서 그녀에게 자리를 내어주었다.

"웬만하면 음료수 같은 건 따로 뽑아서 먹어, 남자들끼리 꼭 그렇게 궁상을 떨어야 해?"

명진은 미안한 마음에 음료수 자판기로 가며 괜한 핀잔을 늘어놓았다. 사실 정도는 이런 명진을 볼 때마다 '5자회'에 맞지 않는 인물이라는 생각이 들었다. 누가 봐도 눈에 띄는 미모와 세련된 헤어스타일. 구석구석을 관찰하고 골똘히 고민해 봐도 한명진은 '생존'을 콘셉트로 내건 동아리의 멤버와는 어울리지 않았다. 그런 그녀를 볼 때면 정도는 마치 재래시장에 놓인 백화점 상품을 보는 것 같았다.

"그런데 동국이 오빠는 아직 안 왔어?"

명진은 새 음료수를 건네며 상록에게 물었다.

"오전에 수업이 있대. 이따 올 거야."

상록은 한 손에 든 포스터 뭉치를 명진에게 내밀었다.

"이런 거나 붙인다고 학생들이 올까? 다른 방법을 찾아봐야 하는 거 아닌가?"

시니컬한 명진의 말투에 오전 내내 교내를 전전한 둘은 맥이 빠졌다.

"걱정 마. 올 사람은 다 오게 돼 있어. 그게 바로 인연이고 운명인 거지 뭐."

상록은 자신만만하게 대답했지만 한편으론 걱정이 앞섰다. 그는 이런 마음을 감추기 위해 만해시비 주위를 괜히 둘러보며 혹시나 동아리에 들어올 만한 학생이 없는지를 살펴보는 척했다. 그때 멀리서 이쪽을 향해 휘적휘적 걸어오고 있는 거구가 눈에 들어왔다.

"어, 저기 동국이 오빠다."

명진이 동국을 발견하고는 상록보다 한발 앞서 반겼다. 한 손엔 가방, 다른 한 손엔 초코바를 쥔 채로 천진난만한 얼굴을 하고 걷고 있는 동국은 굳이 상록이나 명진처럼 친한 사이가 아니더라도 눈에 확 띌 만했다.

"왜 이렇게 맥이 빠진 꼴들이야? 신입회원 모집하자고 한 건 너희들이잖아. 벌써 포기하려고? 잘됐다, 그럼 이제 나 귀찮게 안하는 거지?"

"포기하는 게 아니고 배가 고파서 그래요, 형."

상록은 자존심이 상한다는 투로 퉁명스레 대꾸했다. 동국은 과장스레 실망한 표정을 지었다.

"에이 씨, 뭐야. 좋다 말았네. 그럼 수고들 해. 나는 밥이나 먹으러 가야겠다. 어이, 명진아. 나 밥 좀 사주라."

"응, 오빠. 나도 배고프던 참이었어."

상록은 동국이 맡겨두기라도 한 듯 명진에게 밥을 사라고 하는 태도가 마음에 들지 않았다. 게다가 동국에게 밥을 내기로 약속이나 한 듯 구는 명진도 마뜩찮았다. 그러나 이도저도 관두고 상록 자신도 배가 고팠다.

"둘만 밥을 드시겠다고? 나랑 조정도 얘는 뭐 광합성으로 사는 줄 알어?"

바락, 소리를 지르는 통에 명진과 정도는 귀를 막았다. 동국이 그런 상록을 실실 웃으며 바라봤다.

"이 자식, 명진이가 나만 밥 사준다니까 삐졌구만."

"뭐, 뭐라구요? 그게 무슨, 말도 안되는……."

상록이 더듬거리며 당황했다. 뭔가 변명을 하려는데 동국이 말을 끊었다.

"그러니까 밥 먹으러 가겠다는 거야 말겠다는 거야? 에이, 귀찮아."

동국이 갑자기 등을 돌리는 바람에 일행은 서둘러 각자의 짐을 챙기고 뒤를 따라야 했다. 동국의 걸음을 말하자면 평소에는 느림보가 따로 없지만 뭘 먹으러 갈 때만은 축지법이라도 쓰는 양 굉장히 빨랐다. 상록은 동국을 따라가며 명진을 힐끔힐끔 쳐다봤다. 아무래도 동국이 던진 흰소리가 마음에 걸렸다. 명진은 상록의 마음을 아는지 모르는지 동국의 뒤를 바짝 붙어 따라가며 상록에게 눈길조차 주지 않았다.

명진관과 중앙도서관 사이의 길을 다니는 사람들 대부분은 학생식당을 오고가는 학생들이었다. 저 위쪽 맞은편의 남산 꼭대기에서 하늘을 찌를 듯 높이 솟아 있는 서울타워가 눈에 들어왔다. 손에 잡힐 듯 가까우면서도 그렇기에 일부러 찾아가려 마음먹기가 쉽지 않은 서울의 명소였다. 동국은 그동안 서울타워를 몇 번이나 가봤는지 손가락으로 꼽아봤다. 지난 8년 동안, 남산을 학교의 뒷동산이라고 여기고 다녔으면서도 정작 서울타워까지 올라가 본 적은 몇 번 되지 않았다. 동국은 앞서 걷다 말고 일행을 돌아봤다.

"저 서울타워에는 공공연한 비밀이 하나 있는데, 우리나라에서 그걸 확인한 사람은 몇 안된다. 혹시 아는 사람?"

뜬금없는 동국의 말에 일행은 시큰둥하게 서로를 쳐다보았다.

"내가 확인한 바에 의하면 서울타워는 핵미사일이다. 전시에 청와대에서 발사버튼을 누르면 곧바로 적의 심장부를 타격할 수 있도록 조준돼 있지. 서울타워가 방송 송수신탑 기능만 한다고들 알고 있을 텐데,

그건 언론을 장악하고 있는 정부의 음모야."

"저…… 정말요?"

정도는 눈이 휘둥그레져서 말까지 더듬었다. 상록이 눈살을 찌푸리며 그들 사이에 끼어들었다.

"아유, 정도야 좀. 넌 한두 번 당해 봤으면 눈치가 생길 법도 한데 왜 늘 그 모양이냐. 형. 지금 그 말, 전쟁 터지면 국회의사당 돔 지붕이 열려서 태권브이가 나온다는 이야기하고 뭐가 달라요. 63빌딩은 마징가Z로 변신할 거고 한강 아래엔 지금도 철인28호가 잠수한 채로 대기 중이겠죠. 형 혹시 슈퍼맨이랑 먼 친척관계거나 뭐 그런 건 아니세요? 나 참…… 우리가 뭐 새내긴 줄 아시나……."

상록은 콧방귀를 뀌며 동국과 정도를 한꺼번에 타박했다. 조금 전, 명진과 자신을 두고 동국이 놀린 것을 100퍼센트는 못 되도 80퍼센트 정도는 되갚아준 것 같아 흐뭇했다. 그러나 동국은 대꾸하지 않고 자신의 말이 진실이라는 듯 진지하게 서울타워를 바라보고 있었고 정도는 뒷머리를 긁적이면서도 동국을 따라 서울타워에서 눈을 떼지 못했다. 옆에서 명진이 재미있다는 듯 세 남자를 번갈아 봤다. 틈만 나면 후배들에게 흰소리를 던지는 동국과 그걸 또 매번 믿는 정도, 그리고 속으로는 누구보다 동국에게 의지하면서도 겉으로는 깐죽대거나 무시하는 상록. 도무지 어울리지 않는 조합인 데다 하나같이 어설프고 모자라지만 도저히 미워할 수 없는 사람들이었다. 5자회가 신입부원을 받으면 정말 많은 사건이 터질 것 같았다. 명진은 생각만으로도 벌써부터 심장이 콩닥콩닥 뛰었다.

3월의 꽃샘추위는 아직 매서움이 묻어 있었다. 남산 자락에서 불어오는 바람은 명진관과 상록원 사이를 휘감다 이내 출구를 찾은 듯이 그 방향을 운동장 쪽으로 선회했다. 아직 겨울옷을 벗지 못한 학생들 몇은 손을 비비며 발걸음을 분주히 옮겼고 한적한 운동장에는 야구부만이 계절을 잊은 듯 맹훈련 중이었다. 그리고 운동장 입구로부터 저만치 떨어진 백주년 기념탑에서 5자회 회원들이 옹기종기 앉아 있었다. 명진은 금방이라도 짜증낼 것처럼 옷깃을 여미며 상록을 노려봤다.
 "왜 하필이면 여기서 보자고 했어? 추워 죽겠는데. 따뜻한 곳도 얼마나 많은데."
 바람보다 더 날카롭게 보이는 명진의 눈초리와 또 살얼음 같은 그녀의 말투에 상록은 아무 말도 못하고 먼 산을 바라봤다. 누가 이렇게 추울 줄 알았나. 상록은 속으로 불평이 가득했지만 차마 명진에게 그 말을 뱉지는 못했다. 바람이 더욱 거세게 불었지만 누구 하나 자리를 뜰 수 없었다. 그토록 기다리던 신입회원을 이곳에서 만나기로 했기 때문이다.
 어제 저녁 상록은 한 통의 전화를 받았다. 침대에서 뒹굴며 동아리 광고를 붙이느라 혹사시킨 다리를 주무르고 있던 참이었다.
 "저…… 최상록 선배님 전화 맞아요?"
 전화기를 통해 경상도 억양이 남학생의 목소리로 건너왔다.
 "넵! 당연히…… 아, 네, 제가 최상록입니다."
 상록은 벌떡 일어났다. '선배님'이라고 부르는 것을 듣고 바로 새내기라는 것을 직감할 수 있었다. 동아리 광고를 보고 전화한 것이 분명하단 생각에 너무나 반가워 선배로서의 체통을 잃은 것 같았다. 급히 수습을 했지만 이미 목소리는 건너간 뒤였다. 저쪽에서는 심호흡 한 번 할 시간이 지나서 다시 입을 열었다.

"다름이 아니라 5자회에 가입하고 싶어서 그러는데, 어떻게 해야 하는지 궁금해서 전화드렸거든요."

상록은 속으로 쾌재를 불렀다. 최소한 며칠은 기다려야 할 것이라고 생각했는데 이렇게 일찍 반응이 온 걸 보면 대박이 날 것 같은 기분마저 들었다. 그는 쿵닥쿵닥 뛰는 가슴을 다독이며 또박또박, 그리고 근엄하게 말했다.

"새내기시구나. 반가워요. 우리 5자회 포스터를 보셨어요? 서두르지 마시고 천천히 이야기해 보죠. 성함이?"

"네…… 오필동이라고 해요. 근데 있잖아요. 5자회가 정확히 뭐하는 데예요? 무슨 해결사 집단 같기도 하고."

"하하하, 해결사는 아니구요. 쉽게 말하면 학교생활 전반에 걸친 정보 공유 동아리죠. 뭐 그러니까, 학교 다니면서 고민이 있다거나 유용한 정보가 있으면 서로 얘기하고 그런 거예요. 요즘 대학생활이 좀 어려워야죠. 수강신청이며 장학신청이며 이런저런 행사며…… 헷갈리는 게 어디 한두 가진가요?"

상록은 거침없는 자신의 언변이 만족스러웠다. 그러나 그의 말이 끝나고 5초 정도의 침묵이 지나서야 필동의 목소리가 들렸다.

"그러니까 딱히 하는 거는 없는데, 친한 사람들끼리 모이는 거네, 맞죠? 보니까 동아리방도 없던데."

상록은 처음과는 달리 그가 만만치 않은 인물 같다는 생각이 들었다. 새내기답지 않은 침착함과 판단력. 사투리가 주는 이질감. 어딘지 모르게 밀리고 있다는 기분이 들었다. 그러나 부디치면 안될 게 뭐가 있던가.

"뭐, 아주 틀린 말은 아니에요. 그런데 그냥 친목 모임이랑은 달라요. 무턱대고 놀기만 하면 동아리라고까지 할 필요도 없죠. 우리 5자회 선배들은 성적들도 다 좋거든요. 그야말로 대학 생활 전반을 정복하겠다는 사람들이라는 거죠. 그리고 동아리방은, 우리 5자회가 워낙 실전을 중요시하다보니 그런 게 애초에 필요가 없었어요. 음…… 전화로 일일이 설명하긴 그렇고, 일단 만나서 얘기하죠?"

그는 그럴싸한 말로 위기를 모면했다. 첫 신입회원을 맞이할 기회가 아니던가. 행여 5자회에 어울리지 않는 학생이라 하더라도 전화 한 통으로 놓쳐 버리기는 싫었다. 상록은 다시 목을 가다듬고 나긋나긋하게 말했다.

"부담 없이 편한 시간과 장소 말씀하세요."

"근데, 제가 학교에 입학한 지 얼마 안돼서 어디가 어딘지를 잘 모르는데."

"그럼 명진관 앞에서 뵐까요? 아니면 다향관 매점?"

"거기가 어딘데요?"

역시 새내기는 새내기구나. 상록은 잠시 학교에서 가장 찾기 쉬운 곳을 생각해봤다. 그리고 그는 백주년 기념탑을 떠올렸다. 규모가 큰 운동장 옆에 있을 뿐 아니라 눈에 띄는 조형물이라 아무리 새내기라도 쉽게 찾을 수 있을 거라는 확신이 들었다.

"그럼 대운동장은 어딘지 아세요?"

"아. 알아요, 대운동장."

"다행이다. 그 앞에 백주년 기념탑이 있어요. 엄청나게 큰 바위를 세워 놓은 건데, 혹시 못 봤어요?"

"그거 말하는구나. 저도 지나가다 본 것 같아요."

오케이! 상록은 일이 절반쯤은 성공한 거라고 확신했다.

상록은 아무리 생각해도 새내기를 포섭한 게 모두 자신의 임기응변과 상황대처능력 덕분인 듯했다. 그러나 계속해서 춥다고 투정을 부리는 명진을 보니 마냥 좋지만은 않았다. 미안하기도 하고 자신의 공을 몰라주는 것 같아 야속하기도 했다.

"하여튼 최상록. 그냥 근처 찻집에서 만나자고 하지……"

그 옆에서 동국은 후배들이 옥신각신하거나 말거나 대운동장에 눈을 두고 있었다. 운동장에서는 야구부원들이 몸을 풀고 있는 중이었다.

"나도 공 좀 던지는데……"

동국은 팔을 휘두르며 공을 던지는 포즈를 취했다.

"형, 야구 좋아하세요?"

명진의 구박을 피하고 싶던 차에 기회다 싶어 상록은 얼른 동국의 시선을 쫓았다.

"그럼. 나 일학년 때는 동대문운동장에 가는 게 수업보다 중요했지. 거기서 대학 리그의 메인 경기들이 있었거든. 그땐 전국대학야구대회에서 우승도 하고 그랬어. 우리 학교 야구부 정말 유명하지. 전설적인 선수인 한대화, 송진우도 우리 학교 야구부 출신이야. 그 외에도 한국 야구사에 굵은 획을 그은 선배님들이 여럿 계시지. 원래 전통 있는 대학은 그 대학 출신 운동선수의 면면만 봐도 알 수 있어. 지금도 현역으로 뛰는 선수가 얼마나 많은데."

"그렇구나. 그럼 지금 가서 사인이라도 받아놓아야 되는 거 아닌가. 혹시 알아요? 저 선수들 중에서 메이저리거가 나올지."

정도의 뜬금없는 말에 상록은 동국의 눈치를 보며 정도에게 눈을 부라렸다.

"진짜야? 그러면 내 것도 하나 받아 주라. 두 개 받아 주면 더 좋고. 제발, 응?"

상록의 생각과 달리 동국은 배시시 웃으며 정도를 향해 두 손을 마주 비볐다.

"하여튼 남자들 군대 이야기하고 운동 이야기하면 끝이 없어요."

명진은 한심하다는 듯 혀를 찼다. 그때 갑자기 정도가 뭔가를 발견하고 중얼거렸다.

"저 친구 아닐까요?"

멀리서 걸어오는 한 남학생이 보였다. 넷의 시선이 일시에 한곳으로 집중됐다. 보통 키에 보통 체격. 특이한 것이 있다면 뿔테 안경을 낀 것과 아직 고등학생 티를 벗지 못한 듯 어정쩡하게 긴 머리뿐이었다. 지극히 평범하고 무던히 단정해 보이는 스타일. 상록은 그 남학생을 보고 '설마'라고 생각했다. 전화 통화할 때의 당당한 목소리만 생각한다면 분명 저 남학생은 아닐 거라고 확신했기 때문이다. 그러나 점점 가까워지는 필동의 눈을 보는 순간 새내기답지 않게 매섭다고 생각했다. 눈빛이 흐리지 않고 총명했다.

천천히 걸어오던 남학생은 주위를 살피더니 백주년 기념탑 앞에서 멈췄다. 그리고 자신을 바라보는 넷을 발견하고는 침착하게 물었다.

"저기 혹시 5자회신지?"

"필동 군?"

상록은 자리에서 벌떡 일어나 손을 내밀었다. 선배인 자신의 위치를 확실히 하려는 듯 어깨와 목에는 잔뜩 힘이 들어가 있었다.

"반가워요. 제가 어제 전화 받았던 최상록이에요."

필동은 어제 자신이 들었던 목소리와 상록의 얼굴을 일치시키려 노력하며 손을 조심스럽게 잡았다. 그리고는 다른 셋의 얼굴을 천천히 살폈다. 자신과 나이 차이는 없을 것 같지만 뭔가 고상해 보이는 남학생 한 명. 그리고 강사인지 대학원생인지 알 수 없는, 아무튼 분명 나이가 많고 하마 같은 몸집의 남자 한 명. 그리고……

필동은 눈이 휘둥그레졌다. 자신이 고등학교 때부터 대학생들이 등장하는 시트콤을 볼 때마다 동경했던 퀸카가 바로 눈앞에서 웃고 있었다. 필동은 기분이 이상했다. 퀸카와는 전혀 어울리지 않는 세 남자가 그녀를 에워싸고 묘한 에너지를 방출하고 있었다. 필동은 일단 5자회 회원들과 간단한 인사를 나누었다. 그의 팔을 꽉 잡고 실실 웃는 동국의 모습에 약간 놀라기도 했으나 어쩐지 순진한 구석이 있는 것 같아 필동은 마음을 놓았다.

상록은 약간 얼이 빠져 있는 필동에게 백주년 기념탑을 가리키며 말했다.

"어리둥절하죠. 근데 이 탑 좀 멋지지 않아요? 우람한 게 아주 끝내준다니까요. 저렇게 커다란 바위를 어떻게 옮겼는지 몰라. 바위가 아니라 아예 산이잖아, 산. 안 그래요? 이게 건학 백주년 기념탑이라는 건데, 2006년에 만든 거니까 말하자면 백 년이 훌쩍 넘는 학교 역사의 증거 앞에 우리가 있는 거라는 거죠. 뭐…… 한 식구끼리니까 자랑은 아니고, 우리나라에 세워진 지 백 년 넘는 대학교가 몇이나 된다고 생각해요? 아, 이런 건 차차 얘기하면 되겠고 하여간 환영!"

상록은 다시 한 번 손을 내밀었다. 필동은 얼결에 손을 내밀었다. 두 선후배가 손을 맞잡고 있는 모습을 거대한 기념탑이 내려다보고 있었다. 명진은 상록을 보며 조금 전까지 추운 데서 고생시킨다고 구박했던 것이 내심 미안해졌다. 마치 연습이나 한 듯 넉살을 떨며 후배를 홀리게 하는 게 영 신기했다. 명진뿐 아니라 동국이 보기에도 상록이 대견스러웠다. '짜식, 준비 좀 했는데?' 정도 역시 상록의 말주변에 감복하고 있었다. 무엇보다 상록의 말을 듣고 기념탑을 쳐다보고 있는 필동의 눈빛이 달라졌다. 수능이네, 논술이네 하는 성적만 따지며 이곳저곳 지원하다 보니 막상 입학은 했지만 앞으로 4년 동안 다닐 학교인데도 불구하고 아는 게 별로 없었다. 처음 만난 선배지만 그의 말투에서 학교에 대한 자긍심을 느낄 수 있어 마음이 놓였다. 5자회가 싱겁거나 수상한 동아리는 아닐 거라는 생각이 들기 시작했다.

"야, 춥다. 밥 안 먹어? 어이, 새내기. 배고프지? 응?"

필동은 하마같이 생긴 늙수그레한 사람을 겁먹은 표정으로 바라보기만 할 뿐 대답을 하지 못했다. 동국은 필동에게 성큼 다가가 다짜고짜 양 볼을 잡았다.

"이런, 얼굴이 아주 반쪽이네."

필동이 빠져나가려 했지만 동국이 어깨를 와락 끌어안는 바람에 쓰러지듯 기댈 수밖에 없었다. 동국은 필동의 귀에 대고 비밀이라도 되는 듯 속삭였다. 그러나 속삭이는 척만 할 뿐 주위의 모두가 들을 만한 큰 소리였다.

"밥도 안 사주면서 아는 척만 하는 선배들 조심해. 진짜 피곤한 인종들이거든."

상록이 그 소리를 듣자마자 얼굴을 붉히며 소리쳤다.

"아, 형!"

동국은 상록을 외면한 채 명진에게 말했다.

"명진이가 새내기 온 기념으로 밥 한 번 사."

명진이 그 말을 듣고는 어이없다는 듯 웃었다.

"오빠는 나만 보면 식욕이 돋아? 만날 밥 사달래."

그러나 동국의 말이 떨어졌을 땐 이미 나머지 일행도 동국의 뒤에 붙어 그녀를 간절히 바라보고 있었다. 그 모습이 마치 어미가 물어온 먹이를 기다리는 새끼 새들 같아 명진은 피식, 헛웃음이 나왔다. 새내기 필동도 주춤거리다 슬며시 동국의 뒤로 붙었다.

"휴. 하여간 웬수들이 따로 없다니까. 예쁘고 맘씨 좋은 내가 베풀어야지 어쩌겠어."

"그래, 명진아. 우리가 뭐 비싼 밥 사달라고 그러냐? 우린 학생식당이면 충분해."

동국이 연신 벙싯거리며 말했다. 바로 옆 대운동장에서는 어느 선수가 연습경기 중에 홈런이라도 친 듯 깡, 하는 소리와 함께 함성이 터져 나왔다.

"그러니까 쉽게 정리하자면 대학생활에 빨리 적응하고 싶다 이거지?"

어느새 상록은 필동에게 말을 놓고 있었다.

"네. 동아리를 들긴 들어야겠다 싶었는데 다른 동아리들은 그게 그건 것 같기도 하고, 솔직히 너무 많아서 뭐가 뭔지 모르겠더라고요. 그런데 5자회 포스터를 보니까 모르겠는 건 마찬가진데 왠지 특이하다 싶어서…… 저는, 새터도 안 가서 아직 친구도 한 명 없거든요. 아들은 자꾸 내 사투리 듣고는 웃기만 하고."

배식창구에서 후식으로 가져온 요구르트를 한 모금에 들이켠 상록은 고개를 끄덕였다.

"좋아, 좋아. 그런 생각이었다면 정말 잘 왔어. 학교생활이 그렇게 호락호락하지는 않지. 특히 새내기들은 어리바리하게 굴다가 한 학기를 허송세월하기 십상이란 말씀이야. 공부는 고사하고 학교랑 사람들에 적응하느라 허덕거리다 보면 금방 방학이거든. 입학금이며 등록금이 얼만데. 넌 이 선배들만 믿으면 돼. 필동아, 내 말 들으니까 네 앞날에 서광이 비치는 것 같지 않냐?"

마침 동국이 배식구에서 밥을 한 번 더 타오던 참이었다. 필동은 소처럼 먹어대는 선배를 호기심 어린 눈으로 쳐다봤다. 갑자기 동국이 눈을 맞춰오는 바람에 필동은 얼른 고개를 숙였다. 어설프고 괴팍하면서도 모든 걸 꿰뚫고 있는 듯한 느낌이 가시지 않았다. 대체 뭘까, 저 하마 같은 사람의 정체는.

"그런데, 구체적으로 5자회의 정체가 뭐지요? 어제 상록 선배와 통화할 때 듣긴 들었는데 아직 감이 영······."

"하하, 우리 후배님 성격 급하시네. 뭐 어제도 말했지만 간단히 요약하자면 심심타파, 고민타파를 위한 생존공동체이지. 그때그때 상황에 따라 달라. 조금씩 생활하다 보면 그 실체를 알게 될 거고."

"으하하하."

갑작스런 폭소에 모두들 표정들이 뜨악해졌다. 동국이 씹다 만 음식물이 가득 든 입을 크게 벌리고 웃고 있었다. 밥풀이 식탁 위로 폭격을 퍼부었다. 모두 식사를 마쳤기 망정이지 그렇지 않았다면 재앙에 가까운 사태가 벌어질 뻔했다. 동국은 다시 입안에 든 것을 우적우적 씹다가 꿀꺽 삼키고는 말했다.

"어이, 신입생. 사실은 얘네들도 몰라."

"네?"

필동이 의아한 눈빛으로 되물었다.

"내가 알기론 얘네들도······."

"형!"

"오빠!"

"선배님!"

상록, 명진, 정도가 동시에 동국의 말을 막았다. 동국은 말을 하다 말고 눈알을 굴려 그들의 표정을 살폈다. 하나같이 잡아먹을 듯 살벌했다.

"하하하. 내일 점심 메뉴가 뭔지 모를 거라고. 누구 아는 사람 있어? 응? 응? 거봐 아무도 모르잖아. 그러면서 뭘 다 아는 것처럼 그러냐? 내일 점심 메뉴는 말이야. 상록원 학생식당 백반코너는 미트볼 케찹조림, 일품코너는 제육비빔밥, 양식은 생선가스 더하기 함박스테이크, 뚝배기는 쇠고기 국밥. 그루터기식당 백반은 햄구이, 일품은 낙지비빔밥, 양식은 그루터기양정식, 뚝배기는 육개장. 그리고 아리수식당에서는 불고기덮밥과 새싹참치캔 비빔밥을 팔아. 짜식들, 아직 한참 멀었어."

동국은 속사포처럼 떠들고서는 마지막 남은 밥 한 숟갈을 마저 퍼넣었다. 식판 위의 그릇들은 마치 설거지를 한 것처럼 말끔했다. 동국은 싹 비워진 그릇들을 보며 만족스러운 듯 둥근 배를 쓰다듬었다.

퇴식구에 식판과 그릇을 밀어넣고 식당을 빠져나오는데 사람들이 제법 많이 몰려들고 있었다. 5자회 일행은 식수대에서 물을 마시거나 화장실을 다녀오거나 하며 뿔뿔이 흩어졌다가 상록원 앞에서 다시 모였다. 그런데 동국이 보이지 않았다. 몸집이 크기 때문에 한눈에 찾을 수 있으리라 생각했는데 식당 안에서 아무리 둘러봐도 보이지 않았다. 화장실은 상록 자신이 방금 다녀온 터라 거기 있을 것 같지도 않았다.

"동국이 형, 어디 간다고 말하디?"

아무도 그에 대해선 얘기를 듣지 못한 눈치였다. 엉뚱하긴 해도 이런 식으로 사라질 사람이 아니라 상록은 전화를 걸어보기로 했다. 그때 필동이 상록의 등 뒤쪽을 손가락으로 가리켰다. 동국이 음료수와 아이스크림 등을 한아름 사들고 오고 있었다.

"후식은 내가 쏜다. 상록아 나는 대학원 사람들하고 스터디가 있어서 이만 간다. 어이, 신입생. 또 보자고."

동국이 가려는데 명진이 아쉽다는 듯 그를 붙들었다.

"뭐야, 밥만 먹고 가려고? 우리 하늘마루 가서 차 마실 건데 같이 가 오빠."

"하늘마루? 혜화관 옥상정원 말하는 거야? 야, 내가 높은 데 올라가는 거 싫어하는 줄 알면서 그러셔. 그리고 스터디 못 빠져. 다음에 낮은 데서 놀자. 간다."

"오빠가 몰라서 그렇지 거기가 얼마나 예쁜데. 내가 각 건물의 옥상정원들을 다 가봤거든. 새내기도 왔으니까 같이 가자 응?"

"할 일이 태산이다. 미안한데 다음에 가지. 야, 새내기. 너 선배들 잘 따라다니면서 많이 배워. 간다."

동국이 손을 흔들고 등을 돌리자 명진은 입술을 삐죽 내밀고 그를 노려봤다. 상록과 정도, 그리고 필동은 뭘 어째야 할지 몰라 그저 맨송맨송한 기분으로 서 있었다. 동국이 시야에서 사라지자 명진은 다시 쾌활한 모습으로 말했다.

"아차, 내 정신 좀 봐. 나도 내일 수업 교재 리뷰해 놔야 하는데 깜빡했네. 교수님이 쪽지시험 볼 수도 있다고 하셨거든. 큰일났다. 얘들아 나중에 봐, 먼저 갈게."

명진은 동국이 사라졌던 방향으로 서둘러 갔다. 그 모습을 지켜보고 있던 상록은 마음이 갑자기 허전해졌다. 동국이 형 같은 사람이 뭐가 좋다고……

"명진이 누나가 동국 선배님을 좋아하는 거예요?"

필동이 대충 알겠다는 식으로 말했다. 상록은 속엣말이 들킨 건가 싶어 뜨끔했다.

"무슨 말도 안되는 소릴. 쟤는 늘 저렇게 정신 없는 애야. 괜한 오해로 사람 잡지 마. 명심할 게 있는데 우리는 우리끼리라도 없는 사람 얘기 안한다. 없는 사람 얘기하면 자연스럽게 흉을 보게 되고 그러다보면 또 편가르기가 생기거든. 사람 있는 데라면 어디든 그렇지 않냐? 그러니까 묻고 싶은 거 있으면 직접 물어보고 아니라면 조심해. 동국이 형한테 걸리면 끝장이야."

필동은 뭔가 골똘히 생각하는 듯하다가 대답했다.

"그거 진짜 마음에 드네. 선배님, 저 5자회에 가입시켜 주세요."

정도가 웃으며 필동의 말을 받았다.

"넌 벌써 가입된 거나 마찬가지야. 동국이 형한테 얼굴 알려졌다는 건 형이 앞으로 널 다 꿰뚫고 있을 거라는 소리거든. 무슨 수를 써도 형의 손바닥 안에서 벗어날 수는 없어. 오죽하면 형이 학교에 있는 나무란 나무에는 모두 감시카메라를 달아뒀다고 하겠냐. 물론 그럴 리는 없겠지만 형이 우리를 그만큼 신경써 준다는 소리야. 잘 들어왔어. 재밌게 지내 보자고."

　필동은 정도의 부드러운 목소리와 나긋나긋한 말투에서 왠지 모를 카리스마가 느껴졌다. 어리숙하게 보이기만 했는데 또 다른 모습이었다. 보면 볼수록 동국이라는 선배와 나머지 사람들 모두 매혹적인 수상함을 지닌 듯했다.

　"야, 난 수업이 있어서 그만 가야 돼."

　정도가 상록에게 말했다. 상록도 수업이 있기는 마찬가지였다.

　"어, 나도 그래. 필동아. 내 연락처 알지? 여기 정도 것도 받아둬. 그리고…… 동아리방이 없어서 그렇긴 한데, 언제든 연락해라. 혼자 밥먹고 그러지 말고. 우리 5자회는 궁상떠는 거 용납 못한다. 알겠지?"

　"넵!"

　필동은 저도 모르게 대답에 힘을 잔뜩 넣게 되었다.

　상록과 정도마저 가 버린 뒤 필동은 학생수첩을 열어 시간표를 확인해 봤다. 고등학교 시간표와는 전혀 다른 체계라 몇 교시가 몇 시부터 시작하는 건지 얼른 익숙해지지 않았다. 오늘 수업을 확인하는데 가만히 보니 5교시부터 6.5교시까지 교양 수업이 하나 걸려 있었다. 5교시면 다섯 시부터……가 아니었다. 시간표대로라면 벌써 시작한 지 10분이나 지난 상황이었다. 학림관이 어디더라? 필동은 불현듯 드는 낭패감에 빠져 허둥지둥댔다. 그는 사람들에게 물어물어 학림관을 찾아가면서 5자회 선배들을 악착같이 붙들어야겠다고 마음먹었다.*

*정명효. 2009년 서울신문 신춘문예 시 당선

난 다른 종교가 있단 말이에요

새내기나 재학생이나 3월에 개강을 하면 늘 하는 일이 있다. 바로 한 해에 대한 야심찬 계획을 세우는 것이다.

토익 900점을 넘기겠어! 수업시간에 찍어준 책은 다 읽어 버리겠어! 수석 장학금은 내 차지야! 그리고, 그리고…… 올해는 무조건 연애할 테야!

하지만 이런 소리 없는 아우성이 학교를 메우는 것도 잠시, 새내기 환영회와 개강파티의 폭풍이 지나가고 난 후 학생들이 알게 되는 건 '하는 사람은 언제든 하고, 안하는 사람은 어떻게든 안한다'는 진리 뿐이었다. 신동국도 새내기 때 그 폭풍에 휩쓸려 길을 잃은 적이 있었다. 그때 무기력증에 빠진 동국을 학교에 올라오게 해 주었던 게 바로 연등이었다. 등굣길 언덕부터 달려 있는 오색연등을 보는 낙에 학교에 올랐고, 수업이 끝난 후에도 내려가지 않고 미적거리다 책이라도 한 자읽을 수 있었다. 게다가 그 연등 불빛 아래서 한 해의 최대 목표인 연애를 성취한 남녀들은 또 얼마나 많았던가. 그 후 동국은 부처님 오신 날이 늦봄에 있다는 건 정말 학생들을 위한 부처님의 배려라고 생각했다.

학교 어디를 가나 연등을 볼 수 있었지만, 동국이 가장 좋아하는 장소는 바로 명진관 앞뜰이었다. '학교에서 가장 맛있는 커피'라는 비공식 타이틀이 붙은 명진관 자판기 커피를 홀짝이며 팔정도 연등을 보는 맛은 정말로 기가 막혔다. 하지만…….

동국은 고개를 돌려 잔뜩 인상을 쓰고 있는 세 명의 시커먼 사내놈들을 바라보았다. 이 분위기에서 무슨 낭만을 찾는단 말이야. 동국은 절로 한숨이 나왔다.

이학림은 아무 말도 하지 못하고 얼뜬 표정만 짓고 있는 선배란 사람들이 우스웠다. 그리고 역시 자신은 시크하고도 쿨하다는 생각에 슬며시 미소가 지어지려 했다. 하지만 참아야 했다. 시크하고도 쿨한 이 시대의 참된 지성인에게 미소는 어울리지 않았다.

최상록은 멸치같이 생겨선 입꼬리를 들썩거리는 학림이 어이가 없었다. 만약 자기만 있었다면 바로 머리통을 쥐어박았을 터였다. 하지만 이미 처음으로 연락 온 새내기가 있었다며 귀찮다는 동국을 학교의 정상, 명진관까지 끌고 나온 뒤였다. 게다가 동국의 낮은 한숨소리가 들리자 상록의 마음은 더욱 조급해졌다. 상록은 꾹 참고 다시 한 번 물어보았다.

"그러니까, 뭐가 문제라고 했지?"

"자아와 명상을 안 듣고도, 학교에서 살아남을 방법을 가르쳐 달라고요."

학림은 왜 또 물어보냐는 듯, 대놓고 귀찮다는 표정을 지었다. 상록은 순간 불끈 주먹이 쥐어졌다. 아유, 진짜! 그때 뒤에서 뻥! 하고 터지는 웃음소리가 들렸다. 상록과 정도가 뒤를 돌아보자, 동국은 아예 벤치에 드러누워 웃고 있었다. 상록은 답답하고 야속했다. 무슨 생각을 하는지 또 멍하니 있는 정도가 답답했고 이렇게 고생하는 후배를 도와주진 못할망정 오히려 즐거워하는 동국이 야속했다.

"도대체 왜 자아와 명상을 안 듣고 싶은 건데."

상록의 질문에 학림은 속으로 환호했다. 자신의 화려한 논리를 펼칠 기회가 드디어 온 것이었다.

"우리나라 헌법에는 종교의 자유가 명시되어 있어요. 그건 자신에게 맞는 종교를 선택하거나, 아무 종교도 가지지 않을 자유거든요. 헌법은 국민의 기본권이잖아요? 그쵸? 그런데 대학교에서 특정 종교에 대한 수업을 강요하는 건 이 기본권을 무시하는 거잖아요. 그쵸? 그렇잖아요……."

학림은 숨도 쉬지 않고 계속해서 말을 이어나갔고, 상록과 정도는 말 끊을 틈을 찾지 못해 그저 서 있을 수밖에 없었다.

동국은 한 번 드러눕더니 편한지 아예 일어나질 않고 있었다. 동국의 눈에 들어오는 오색연등은 날름 입에 넣어 굴리고 싶을 정도로 예뻐 보였다. 학림의 수다만 아니었다면 훨씬 더 좋았을 텐데. 동국은 스멀스멀 짜증이 피어오르는 와중에도, 학림의 문제를 파악했다. 대입 논술 대비만 해온 새내기들이 흔히 걸리는 병이었다. 텍스트 속의 의견 중 하나를 선택해 주변 근거를 잡다하게 끌어와 갖다 붙인 후, 자기 의견은 없이 결론을 내어 버리는, 이름하여 논술병. 동국이 일어나서 논박을 시작하면 학림은 곧 꼬리를 말 터였다. 하지만 그러고 싶진 않았다. 상록과 정도가 해결하게 놔둬야만 했다. 그러기 위해 5자회를 만든 게 아니었던가. 동국은 그저 학림의 입에 재갈을 물린 후, 연등 구경에 빠져들고 싶었다.

그 순간, 정적이 찾아왔다. 동국은 순간 무슨 일인가 싶었지만 곧 이유를 알 수 있었다. 또각거리는 하이힐 소리. 그리고 곧 들리는 낭랑한 목소리.

"오빠, 이런 데서 잠 좀 자지 마요. 병 생겨."

한명진이 온 것이었다. 동국은 그제야 무거운 몸을 일으켰다. 예상대로 학림은 말하던 그 자세 그대로 입을 헤- 벌리고 명진을 보고 있었다. 동국은 그런 학림을 보며 슬쩍 뱔이 꼬였지만 내색하진 않았다. 자기보다 더 꼬인 사람이 있었으니까.

"야! 너 왜 말을 하다 마냐?"

상록이 빽 소리를 지르자, 그제야 학림은 풀어진 얼굴을 가다듬으며 자신의 실책을 후회했다. 저런 아름다운 선배가 있다는 걸 알았다면 말을 아꼈어야 했다. 저 선배 앞에서 자신의 지성을 보여줘야 하는데, 이미 할 말이 떨어진 거였다.

상록은 동국 옆에 앉는 명진의 모습을 보며 가슴이 찢어지는 걸 느겼다. 하지만 동국 앞에서 티를 낼 순 없었다. 자신이 가장 존경하는 선배와 사랑의 라이벌이 되고 싶진 않았다. 하긴, 자신이 없다는 게 더 정확한 표현이겠지만 말이다. 상록은 최대한 아무렇지도 않은 표정을 지으며 명진에게 지금까지의 상황을 이야기했다. 그러면서 명진도 자신들을 도와줬으면 했다. 하지만 명진의 반응은 의외였다.

"하긴, 나도 자명은 좀 그래. 치마 입은 날은 정각원 들어가기 얼마나 민망한데. 절할 때는 말할 것도 없지. 들어가서 듣고 있어도 졸리기만 하고. 그거 꼭 들어야 되냐, 진짜?"

상록과 정도의 얼굴이 구겨지는 것과 반대로 학림의 얼굴은 환하게 빛이 났다.

"야, 지금 재수강 세 번째인 애한테 물어보면 답이 나오냐?"

"오빠는. 다 공연 준비하느라 그랬던 거지, 뭐. 다른 교수님들은 다들 사정 봐주시는데, 자명 가르치시는 스님들은 진짜 깐깐하단 말이야."

명진은 동국에게 밉지 않게 눈을 살짝 흘겼다. 그런 둘의 묘한 모습에 학림은 대체 무슨 일일까 싶은 표정을 지었고, 상록은 아예 눈을 피했다. 그러자 조정도는 지금 말할 사람은 자기 밖에 없다는 생각에 몰래 한숨을 쉬었다.

"너, 이학림이라 그랬지? 너 만해 한용운 님이 우리 학교 졸업생인 건 알지?"

"예, 알죠. 저 '님의 침묵' 그 시 되게 좋아해요. 외우기까지 하는데요. 들어보실래요?"

학림은 명진을 슬쩍 보며 시낭송을 준비했지만, 이번엔 정도의 말이 조금 더 빨랐다.

"동국대학교는 원래 명진학사라고 불교계에서 신학문을 가르치기 위해 지은 곳이야. 그러니 처음에는 당연히 전국의 스님들이 오셔서 공부를 했지. 그러다 일제 침략기 때 불교 항일운동의 중심지가 되면서 심한 탄압을 받았어. 그때 만해 한용운 님을 비롯한 많은 스님들이 불교 이념과 신학문의 요람지인 이곳을 지키기 위해 희생되셨지. 그 스님들의 희생으로 동국대학교는 사라지지 않을 수 있었고, 지금까지 너희들 같은 새내기를 맞을 수 있는 거라고. 이런 불교 학교에 들어와선 기껏해야 일주일에 한 번인 불교 수업을 빼먹고 싶다는 건, 좀 염치없는 일이라는 생각 안 들어?"

물 흐르듯 유려한 정도의 달변에 순간 학림은 아무 말도 할 수 없었다. 사실 조정도는 엄청난 독서량으로 어디 가서든 최소 한 시간 정도는 입을 쉬지 않을 수 있는 달변가였다. 평소에는 작품구상이니 뭐니 해서 멍하니 서 있는 시간이 많아서 그리 보이지 않을 뿐이었다.

학림은 더듬거리면서도 지지 않으려 맞섰다.

"무, 물론 그 말도 맞지만 헌법에서……"

그때 상록이 새내기 생각 정도는 다 꿰고 있다는 듯한 눈빛으로 학림을 노려봤다.

"너 솔직히 얘기해 봐. 수업 듣기 싫어서 그러는 거 아냐?"

"아, 아니에요!"

하지만 상록이 보기에 이미 학림의 눈빛은 흔들리고 있었다. 기회를 잡았다고 생각한 상록은 더욱 강하게 학림을 압박하기 시작했다.

"아니긴 뭐가 아니야. 딱 보니까 감이 오는데."

학림은 상록의 서늘한 눈을 보며 고등학교 시절 학생주임 선생님을 떠올렸다. 아무리 학림이 체계적이고 논리적으로 거짓말을 해도 통하지 않았던, 일명 '독사 눈깔' 선생님. 학림은 몸이 점점 굳어가는 걸 느꼈다.

"넌, 새내기한테 왜 그렇게 겁을 주고 그래? 얼어붙었잖아, 완전."

명진의 말에 학림은 겨우 쓰러지지 않을 수 있었다. 그러면서 자신에게 보내는 명진의 미소를 보며 '자체발광'이라는 게 뭔지 실감했다.

동국은 혀를 쯧 찼다. 상록과 정도의 세트 플레이는 괜찮았지만, 그 정도로는 부족했다. 사실 진정성을 떠나, 학림이 제시한 문제는 생각해 볼 만한 거였다. 실제로 종교적 문제 때문에 고민하는 새내기도 많을 것이었다. 그렇다면 어떤 식으로 자기가 끼어들지 않으면서도 학림을 깨닫게 해줄 것인가, 그게 동국의 고민이었다.

그때 동국의 눈에 팔정도 불상이 들어왔다. 순간 동국의 머릿속에 예전 선배들에게 들었던 사건이 떠오르며 기발한 생각이 스쳤다.

드디어 동국이 학림에게 다가가자 상록은 자연스레 물러섰다. 그러면서 자신을 지금껏 키워줬던 동국의 현란한 언변이 터져 나오길 기대했다. 반면 학림은 곰 같은 아저씨가 불쑥 자기 앞에 서자 바짝 긴장했다. 그렇지 않아도 왜소한 학림은 동국 같은 덩치 앞에 서면 잘못한 게 없어도 사과를 하고, 알아서 돈을 꺼내는 게 습관화되어 있었다.

그때 동국이 학림의 어깨에 손을 올리자, 학림은 순간 반사적으로 뒷주머니로 손을 가져갔다. 동국은 그걸 아는지 모르는지, 학림의 몸을 반강제로 돌리더니 팔정도 불상을 가리켰다.

"저기 불상 보여?"

"예, 예!"

"왜 그래, 형 무섭게. 흐흐."

"아, 아니에요."

동국은 씩 웃으며 학림의 귀에 대고 뭔가를 이야기했다. 처음엔 겁을 먹고 굳어 있던 학림의 눈은 점점 놀라움으로 커져갔다.

상록은 대체 동국이 무슨 이야기를 하는지 궁금해 죽을 지경이었다. 상록이 5자회를 만든 가장 큰 이유가 바로 동국의 수많은 스킬들을 배워서 다른 후배들에게 써먹으려는 것이었다. 이러면 자신의 계획이 다 허사가 될 판 아닌가. 상록은 자신도 모르게 조금씩, 조금씩 그 둘에게 다가갔다. 동국의 말이 거의 들리려고 할 때! 갑자기 학림이 벌떡 일어섰다.

"정말요?"

"그럼."

동국은 뭐가 그리 재밌는지 큭큭거리면서 고개를 끄덕였다. 학림은 동국을 빤히 바라보다 굳은 얼굴로 불상을 바라보았다. 그러면서도 한쪽 눈으로 명진을 흘끔거리는 건 빼먹지 않았다.

"그럼, 갔다 올게요."

명진에게 하는 건지, 자신에게 다짐하는 건지 모를 애매모호한 말을 하더니, 학림은 성큼 팔정도를 향해 내려갔다.

동국이 옆을 돌아보자 거기엔 울상이 된 상록이 서 있었다. 동국은 왜 그런지 짐작이 갔다. 자기가 나서고 싶었다 이거겠지. 문득 동국은 앞에 서 있는 이 헌내기들에게도 특단의 조치가 필요하다는 생각이 들었다.

"내가 쟤한테 뭐랬는지 궁금하냐?"

동국의 말에도 일단 삐진 상록은 쉬이 얼굴을 풀지 않았다. 오히려 동국에게 다가온 건 명진과 정도였다.

"오빠, 대체 뭐라 그런 거야?"

"얘기 좀 해줘요, 형."

"따라가 봐. 새내기가 가는데, 선배가 따라가서 도와줘야지."

'새내기'라는 말이 상록의 정신을 들게 했다. 그래, 새내기! 일단 중요한 건 저 새내기지, 내가 아냐. 상록은 얼른 명진관 계단을 뛰어 내려갔다. 그러자 명진과 정도도 괜히 마음이 급해져 상록을 뒤따라 내려갔다. 동국은 명진의 뒷모습을 보며 조용히 합장을 했다.

'명진아, 미안하다. 대大를 위해선 소小를 희생해야 하는 법. 너 하나 빼자고 일을 망칠 순 없지 않겠냐.'

학림은 팔정도 앞에 서 있는 불상 앞에 서서 심호흡을 하고 있었다. 상록 일행은 대체 학림이 뭘 하려는지 감이 잡히지 않았다. 하지만 상록에겐 동국에 대한 믿음이 있었다. 동국이 무슨 일을 해도 믿을 수 있는 믿음이…… 그, 그런데 저게 뭐야!

"너, 너 지금 뭐하는 거야!"

상록의 비명에도 아랑곳하지 않고 학림은 자기 일에만 몰두했다. 의외로 올라가기는 쉬워보였다. 옷 주름 조각들이 발판 역할을 해 주었다. 막상 문제는 올라간 이후였다. 자세가 영 안 나올 것 같았다. 이 불상과 시크하고 쿨한 하이파이브를 해야 할 텐데. 학림은 고민했다.

그랬다. 학림은 지금 불상을 타고 오르고 있는 것이었다. 바로 불상과 하이파이브를 하기 위해서! 동국은 학림에게 불상에 하이파이브를 하면 그 기개를 인정해 줘서 자아와 명상 수업을 면제시켜 주고, 게다가 그 멋있는 모습에 명진도 반할 거라며 학림을 꼬드긴 거였다. 그 황당한 말을 믿게 한 걸 보면 동국의 언변이 최면에 가깝다는 상록의 말이 사실인 듯싶기도 했다.

상록 일행은 눈앞에서 벌어지고 있는 이 사태에 어찌할 바를 모르고서 내려오라며 소리만 쳤다. 그리고 그 옆을 지나가던 스님은 놀라 목탁을 두드리며 경을 외우기 시작했다. 그 야단법석에 학교의 야경을 즐기던 사람들이 모이기 시작해, 정말 야단법석野壇法席이 이루어질 판이었다.

그 사태의 마무리는 호루라기 소리와 함께 뛰어온 수위 어르신들의 몫이었다.

4월에 산을 오르다 보면 눈에 들어오는 것이 참 많았다. 색을 다 머금지 못한 여린 풀잎들, 그 잎들 사이로 새어 들어오는 햇살, 새벽에 맺힌 이슬에 젖어 보드랍게 밟히는 흙길, 그리고 시원한 공기. 그러다보면 숨이 차오르는 것도 기분 좋게 느껴질 정도였다. 단 한 명을 제외하고는.

동국은 이제 자신이 누구고 뭘 하는지도 모르는, 해탈의 길로 들어서기 일보 직전이었다. 동국은 진정으로 물 한 모금이 필요했다. 하지만 초입에서 잔뜩 지고 온 물병은 이미 비워 버린 뒤였다. 대체 왜 이 고생을 하고 있는 거야!

"이게 다 오빠 때문이잖아요."

명진은 마치 동국의 마음을 읽었다는 듯 차갑게 내뱉었다. 상록과 정도도 그 말에 동국을 쏘아보았다. 하지만 동국은 그런 눈빛이 보이지도 않았다. 그저 물 한 바가지 마시고 그늘에 누워 자고 싶은 생각이 그득했다. 그때!

딱!

명쾌한 죽비 소리와 함께 동국은 머리를 부여잡았다.

"아, 스님!"

동국이 뒤를 돌아보니, 동국 옆에 서도 지지 않을 우람한 풍채의 정법 스님이 서 있었다. 정법 스님은 손에 들린 죽비로 다시 한 번 동국의 머리를 탁 쳤다.

"요놈아, 힘드냐? 그럼 어서 올라가야지. 여기서 뭘해."

"정말 스님 때문에…… 답답합니다."

동국은 그 말과 함께 죽비를 피해 온 산을 흔들며 뛰어 올라갔다.

"허허, 진짜 곰이로고. 산에 살아야 할 놈이 왜 속세에 사는지 모르겠단 말씀이야."

정법 스님은 동국의 뒷모습을 보며 껄껄거렸다.

정법 스님이 동국을 처음 본 것도 산에서였다. 정법 스님이 공부를 하고 있던 암자에 찾아와서는 씩씩거리며 한참을 누워 있더니 벌떡 일어나 인도 철학을 배우겠다고 말했었다. 그래놓고는 한마디를 하면 열 가지를 질문하며 정법 스님을 괴롭혔다. 하지만 정법 스님은 그런 동국이 싫지가 않았다. 오히려 요즘에도 학문 하나에만 뜻을 두고 수단 방법을 가리지 않는 학생이 있다는 게 즐거웠다. 그러던 놈이 갑자기 정각원에 있던 자신을 찾아와서는 애들을 좀 도와주십사 말을 꺼냈을 때는 뭔가 계획이 있을 거라는 생각이 들었다. 그래서 직접 자신이 나서 중재를 해 산사山寺에서 봉사활동을 하는 걸로 훼불 사건을 마무리 지어줬다. 물론 그때 동국 자신도 산사에 끌려올 거란 생각은 하지 못했을 테지만 말이다.

상록은 이제 말도 못할 지경의 학림을 이끌면서 동국의 뒷모습을 노려봤다. 대체 이게 뭔가. 그렇게 선배를 믿었건만, 해결책이라고 내놓은 게 하이파이브? 덕분에 수위실에 끌려가 퇴학 운운하는 이야기를 들으며 얼마나 공포에 떨었던가. 게다가 겨우 수위실에서 풀려나서 따지니, 뭐? 진짜 할 줄 몰랐다고? 지금 저 사람이 내가 존경하는 그 선배가 맞는 거야? 상록은 갑자기 차오르는 배신감에 몸을 떨었다.

그런 와중에 모두들 잊고 있는 이가 있었으니, 바로 뒤에서 기듯 오르고 있는 학림이었다. 학림의 고민은 거의 사라져 가고 있었다. 머릿속엔 그저 명진 선배는 땀에 젖은 얼굴도 참 예쁘구나, 하는 생각뿐이었다.

드디어 정상에 오른 5자회 멤버들과 한 명의 억울한 새내기는 짐을 풀 생각도 하지 못하고 땅바닥에 주저앉아 버렸다. 그때 그들의 입에서 자연스레 감탄사가 터져 나왔다. 탁 트인 산 아래로 내려다보이는 시내는 지금껏 자신들이 알던 서울이 아닌 것 같았다. 하지만 동국은 눈도 돌리지 않고 대자로 뻗어 누워 숨을 헐떡이고만 있었다. 물, 물…… 그때 정법 스님이 올라와 학생들을 둘러보았다. 땀 한 방울 흘리지 않은 듯 보이는 정법 스님의 모습은 학생들에게는 놀라움 그 자체였다.

"스님은 힘들지도 않으세요?"

"이놈아. 여기가 내 집인데, 집에 오면서 힘들어 하는 사람 봤냐?"

정법 스님은 별 쓸데없는 걸 묻는다는 표정으로 상록을 봤다. 아무리 그래도 그렇지……. 다들 정법 스님의 무한체력에 혀를 내둘렀다.

"어여 일어나. 봉사활동 온 놈들이 이렇게 쓰러져 있으면 어쩌나. 일단 청소부터 해야지. 오랜만에 들러서 할 일이 많어."

그 말에 학생들의 눈은 자연스레 암자로 향했다. 그곳은 암자라기보다는, 조난당한 사람들이 들어왔다 봉변을 당하는 공포영화 속의 세트를 연상시켰다. 처마엔 거미줄이 잔뜩 껴 있었고, 마루에는 먼지가 그득 쌓여 있었다. 하지만 그중 가장 장관은 성인 남자 무릎만큼 차오른 잡초들이었다. 이제 남은 건 장지문을 열고 나올 귀신뿐이었다.

그때! 정말로 삐-걱 하는 소리와 함께 장지문이 열리는 게 아닌가. 낮인데도 불구하고 학생들은 움찔했다. 하지만 그 안에서 나온 건 귀신이 아니라, 푸른 눈의 수행자였다.

머리를 깎고 승복을 입은 외국인이라니. 학생들에게는 귀신보다 더

특이한 존재였다. 하지만 동국은 이미 일면식이 있었는지 놀라지도 않고 투덜거리기만 했다.

"능선, 임마. 맨날 공부만 하지 말고 청소 좀 해. 풀 때문에 어디 뵈기나 하냐?"

"하하, 그대로야, 동국. 풀도 생명이야. 함부로 뽑을 수 없어."

능선이라고 불린 외국인 수행자는 조금 어색하긴 하지만 한국말까지 하고 있었다. 그 신기한 광경을 학생들이 지켜보고 있을 때, 정법 스님이 손에 든 죽비를 탁! 하고 쳤다.

"자, 어여 옷 갈아입어!"

승복僧服으로 갈아입은 학생들은 해가 질 때까지 청소에 매달렸다. 청소를 하며 가장 힘들었던 건 능선의 차분한 목소리였다.

"거미가 다쳐요. 조심히 걸어 주세요."

"물을 아끼세요. 튀지 않게 걸레 빠세요."

"풀도 생명이에요. 죄송한 마음으로 해야 합니다."

말이야 쉽지, 그러면 청소를 어떻게 하냐고! 하지만 능선은 정말 그렇게 했다. 직접 사다리를 타고 올라가 손으로 거미줄을 걷었고, 걸레는 빠는 게 아니라 매만지는 수준이었다. 거기다 풀을 뽑을 때는 경까지 외웠다. 그런 모습들이 처음엔 우습다가 점점 엄숙한 의식으로 보이기 시작했다. 정말 도道는 어디에나 있다는 말이 실감나는 순간이었다. 말하기 좋아하는 학림도 그때만은 입을 다물고 능선을 바라보았다.

동국도 풀을 뽑을 때 뭔가를 중얼거리긴 했다. 경이 아니라 투덜거림이었지만 말이다.

 저녁공양까지 마치고 발우를 씻자 드디어 쉴 시간이 생겼다. 어느새 억울한 마음이 사라진 상록과 정도는 MT를 온 듯 평상에 둘러앉아 미소를 지었다. 명진 역시 동국에게 화가 난 건 어느새 잊은 듯, 동국 옆에 찰싹 달라붙어 있었다.
 "좀 떨어지자. 법당에서 뭐하는 거냐."
 "뭐 어때. 선배…… 이상한 생각 하는구나?"
 "에휴, 말을 말자."
 동국은 얼굴을 돌리고 한숨을 쉬었지만, 명진은 동국의 귀 뒤가 빨개진 걸 보고 피식 웃었다. 그때 문이 열리더니 능선이 들어왔다. 그의 손엔 찐 감자가 한가득 든 바구니가 들려 있었다.
 "먹을 게 별거 없습니다. 맛있게 드십시오."
 능선이 바구니를 채 내려놓기도 전에 동국이 바구니로 들러붙었다. 그 모습에 위기감을 느낀 다른 이들도 빠르게 바구니를 중심으로 모이기 시작했다.
 갓 찐 감자는 씹을 때마다 단물이 터져 나오는 듯했다. 다들 정신없이 찐 감자를 먹는 와중에, 학림이 문득 뭔가 생각난 듯 씹는 걸 멈췄다. 학림의 손에 들린 감자가 툭, 떨어졌다. 그러자 모두의 시선이 학림에게로 향했다.
 "야, 왜 그래, 안 먹고…… 그럼, 내가 먹는다?"
 "아저씨! 나한테 거짓말했죠?"

학림은 너무 화가 났는지 동국의 덩치도 잊고 소리를 질렀다. 하지만 동국은 전혀 개의치 않고 학림이 떨어뜨린 감자를 집어들더니 우적우적 먹어댔다.

"거짓말은 무슨."

"그때, 불상에 하이파이브하면 자명 뺄 수 있다고 했잖아요."

그 말을 듣자 능선이 선한 미소를 띠었다.

"아, 자명. 그립습니다."

그 말에 학림은 능선을 노려보았다. 그게 그립다니. 그것 때문에 퇴학이란 이야기까지 들었다가 여기로 끌려왔는데. 능선은 학림의 시선을 눈치 채지 못한 채 동국을 보았다.

"그런데, 동국. 여기 왜 온 겁니까?"

"아, 그게……."

"그러니깐요, 그게!"

5자회 멤버는 순간 입맛 떨어졌다는 표정으로 감자를 내려놓았다. 학림의 방언이 다시 터진 것이었다.

능선은 학림의 사정을 다 듣더니 고개를 끄덕였다.

"그런 일이 있었네요."

"정말 억울하지 않아요? 덕분에 제 학창생활 완전 망가졌다고요. 게다가, 게다가…… 맞어! 오늘 미팅날이었는데!"

순간 학림은 미팅을 빼먹었다는 게 떠올라 분개했다. 물론 명진 선배가 딱 자기 스타일이긴 했지만, 아직 젊은 자신이기에 여러 가능성을 찾아볼 수 있었는데.

그때 능선이 입을 열었다.

"저도 자명 들었었죠. 그것 때문에 지금 이럴 수 있습니다."

능선은 미국에서 종교학을 공부하는 학생이었다고 했다. 대학교 과정을 마치고 나면 사제 수업을 받고 가톨릭 신부로 귀의할 생각이었다. 그때 동국대학교와의 교환수업 시스템을 알고 동양 종교학을 공부할 욕심에 한국으로 왔었다. 능선이 학교에 와서 처음으로 관심을 가진 수업이 바로 '자아와 명상'이었다.

"Self & Meditation이라니. 정말 대단한 수업이라고 생각했습니다. 그래서 들을 필요 없다고 했는데, 억지로 들었습니다."

능선도 처음에는 실망을 했었다. 뭔가 대단한 이론을 배울 줄 알았는데, 하는 일은 기도뿐이었다. 시간이 지나면 달라지겠거니 했지만 그대로였다. 결국 능선은 수업을 포기하겠다고 담당 교수인 스님을 찾아갔었다.

"그분이 정법 스님입니다. 제가 말을 하니, 웃으시더군요. 그리고 자신을 따라오라고 했습니다."

정법 스님이 한 일은 간단했다. 한마디를 던져주고는 그게 무슨 뜻인지 생각해보며 절을 하라 했다.

"그 말이 지금도 기억납니다. Mountain is mountain and water is water. 산은 산이요, 물은 물이라는 말이죠."

처음엔 그 당연한 말을 가지고 무슨 생각을 하라는지 몰랐다. 계속

절을 하다 보니 곧 숨이 차 그 생각마저 사라졌다. 하지만 지쳐 쓰러지려 할 때, 문득 정법 스님의 말이 다시 생각났고, 그때 어렴풋하게나마 전율이 생겼다고 했다.

"대단한 경험이었습니다. 늘 공부했습니다, 저. 두꺼운 책들, 많은 글들. 하지만 그때 느끼지 못한 기분을 이 한 구절로 알게 됐습니다. Do not try to interpret in other words, but understand as it is(있는 그대로, 보이는 그대로 생각하라, 다른 특별한 의미를 부여하려 하지 말라)."

그때 이후 능선은 잠시 학업을 중단하고 암자로 들어왔다고 했다. 그 기분을 다시 한 번 느껴보기 위해서.

능선의 말이 끝나자 다들 조용해졌다. 동국만이 사라진 감자를 아쉬워하며 입을 쩝쩝거릴 뿐이었다. 능선은 학림을 바라봤다.

"듣지 않을 수 있었습니다. 하지만 저는 들어서 더 좋았습니다."

그 말을 끝으로 능선은 합장을 올린 후 밖으로 나갔다.

학림은 머리를 긁적였다. 막상 저런 말을 들으니 자기가 너무 아무 생각도 없었다는 생각이 들었다. 하지만 그 와중에도 자기가 틀리다는 생각은 들지 않았다. 종교의 자유는 분명 있는 게 아닌가. 그렇다면 대체 무슨 말이 맞는 거야!

학림의 고민하는 표정을 보자 동국은 학림을 여기로 데리고 온 게 정답이라고 생각했다. 능선의 경험은 분명 학림에게 생각할 거리를 던져 준 것 같았다. 여기서 정리만 해주면 학림도 편해질 텐데…… 하지만 동국은 자기가 이야기하긴 싫었다. 어떻게 하면 다른 사람이 얘기하게 할까. 생각을 하니 곧 동국은 허기가 지는 걸 느꼈다. 대체 속으로 들어간 그 많던 감자는 어디로 사라졌는지, 원. 동국의 머릿속에 먹고 싶은 음식들이 둥실거렸다.

아! 그렇지! 동국의 머릿속에서 괜찮은 생각이 하나 떠올랐다.

갑자기 동국은 드러누워 뒹굴거리기 시작했다.

"오빠, 왜 그래. 또."

"아, 배고파서 그러지."

"감자 좀 더 가져올까요?"

상록은 금방이라도 나갈 듯 몸을 일으켰지만 동국은 고개를 저었다.

"됐다. 감자는 질렸어. 아, 뭐 딴 거 없나? 족발이라도 시킬까?"

"그게 배달이 돼? 아니, 배달이 돼도 어떻게 절에서 족발을 먹어."

"못 먹을 건 또 뭐냐. 음식도 하나만 먹으면 질리잖아. 이거다 저거다 골라 먹어야 되냐? 먹고 싶은 거 다 먹을 자유도 있어야지. 응? 자유!"

명진은 갑자기 애처럼 변한 동국을 보며 혀를 찼다. 그런데 동국의 말을 듣던 상록의 머리에서 뭔가 스쳐 지나갔다. 상록은 여전히 고민 중인 학림을 쳐다봤다.

"야, 학림아."

"예? ……근데 왜 그렇게 말을 편하게 하세요?"

"이 자식이, 선배한테. 그건 됐고. 너 처음에 우리한테 뭐라 그랬지?"

"헌법이요. 국민의 기본권, 종교의 자유."

"그래, 근데 그걸 꼭 그렇게 딱 정해야 되는 거냐? 불교를 믿으면 무조건 절에 가고, 무교면 무조건 안 가고."

"그렇진 않죠."

"그래, 그렇잖아! 자유란 건 스스로 책임질 수 있는 범위 내에선 뭐든지 할 수 있는 거잖아. 말 그대로 모든 종교를 믿진 않아도 들어볼 수는 있는 거 아냐?"

"하지만 그러면, 논술로 하기가……."

"야! 논술은 무슨. 니가 아직도 고등학생이라고 착각하는 거야? 넌 이제 대학생이야. 이거다 저거다 결정하기보단 모든 걸 살펴보고 인정할 수 있는 포용력이 필요할 때라고."

이제 어떤 식으로 말해야 할지 감을 잡은 상록은 차근차근 학림을 이끌기 시작했다.

동국은 그 모습을 보고는 피식 웃었다. 이제 자기가 나설 일은 없을 것 같았다. 동국은 눈을 감고 잠을 청했다. 이 정도면 아무도 눈치 못 챘겠지. 아, 어서 내려가서 정말 족발이나 먹었으면. 하지만 동국은 알지 못했다. 눈을 감은 자신을 명진과 정도가 감탄 섞인 시선으로 바라보고 있단 사실을.

다음 날 아침, 산을 내려오는 5자회의 선두에 학림이 서 있었다. 상록과 밤새 이야기를 나누고 아침 예불까지 올려서 몸은 피곤했지만 머리만은 쌩쌩했다. 이제 학림은 목표를 새로 잡았다. 자유에 대한 포용력을 지닌 시크하고도 쿨한 이 시대의 참된 지성인! 그리고 그 롤 모델은 바로 상록이었다.

상록은 자기가 동국을 동경했듯, 자신을 동경하는 후배가 생겼다는 것도 모른 채 하품을 하고 있었다.*

*남상욱 2004년 대산대학문학상 희곡 당선

등반대회 상금을 노려라

동악의 새벽은 서울 어느 곳보다도 빨리 찾아왔다. 교정이 아침햇살에 물드는 동안 5자회 회원들은 아무도 아침이 온 줄 몰랐다. 누구의 휴대폰에서인지 경망스러운 알람이 울렸다. 약속이나 한 듯 모두 동시에 몸을 일으켰다. 회원들은 어둠 속에서 부스스 일어나는 서로의 형체를 보며 흠칫 놀랐다.

"오마이 갓! 왓츠해픈?"

그렇게 중얼거리는 금강의 머리카락은 금강의 발음만큼이나 심하게 꼬여 있었다. 어느새 일어난 상록이 형광등 스위치를 누르자 딸깍, 하고 5자회의 아침이 밝아 왔다. 계속 혀 꼬인 발음으로 영어를 중얼거리는 금강과, 오한이 든 듯 몸을 오들오들 떨고 있는 필동, 그 말 많던 입을 꾹 다물고 앉아 있는 학림, 아직도 드렁드렁 코를 고는 동국까지. 5자회 회원들은 지난밤부터 머물렀던 국문과 학회실에서 그대로 아침을 맞이한 것이었다. 물론 국문과 2학년인 정도가 있었기에 가능했던 일, 정도는 언제 일어났는지 벌써 한 바퀴 산책을 하고 바깥 공기를 한껏 몰고 들어왔다.

정도와 상록은 세 명의 1학년 후배들을 깨우고 학회실을 대충 정리하기 시작했다. 학회실은 지난밤 5자회가 회의를 한답시고 어질러 놓은 그대로였다. 음료수병과 과자 부스러기, 은박지와 나무젓가락이 뒤엉켜 있었다. 상록이 그것들을 치우는 동안, 정도는 흰 색의 긴 천 하나를 집어들었다. '4·19 기념 제41회 동국인 등반대회'라는 문구가 쓰여 있었다. 정도가 말했다.

"이건 저기 팔정도에 붙어 있던 것 같은데, 누가 떼어 온 거지?"

"형, 어제 그거 없었으면 저희 얼어 죽을 뻔 했어요. 여기 있던 담요는 금강이한테 몰아주고 나니까 잠결에 덮을 게 있어야지. 잠결에 이불이 와 있길래 끌어당겼는데, 그거 현수막이었어요?"

학림은 이렇게 말하면서 정도를 도와 현수막을 정리하기 시작했는데, 그 긴 천의 끝자락은 동국의 거대한 엉덩이 밑에 깔려 있었다.

"동국이 형! 얼른 좀 일어나 봐요. 이거 빨리 원위치시켜 놔야 한단 말이에요."

학림이 아우성쳤지만, 동국은 꿈쩍도 하지 않았다. 무언가 중얼거리는 듯도 했으나 도무지 알아들을 수는 없었다. 서둘러야 할 이 아침에 행동마저 굼뜬 동아리 고문을 보며 성질 급한 학림은 복장이 터질 것만 같았다. 정도와 학림, 그리고 필동이 힘을 합쳐 동국의 몸 밑에서 현수막 자락을 빼내는 동안 상록은 혼자 웃었다. 동국이 잠이 많은 것은 사실이었지만, 오늘은 더더욱 일어나기가 쉽지 않다는 것을 알고 있었기 때문이다. 후배들이 모두 잠든 사이에 슬쩍 밖으로 나가서 긴 현수막을 들고 온 5자회 고문의 모습이 눈에 선했다. 푸근한 마음만큼 몸도 푸근한 동국이 날렵하게 현수막을 떼어왔을 리는 만무하고, 분명 그 현수막을 떼다가 몇 번 넘어지기도 했을 것이다. 거구의 5자회 고문, 동국이 가져온 현수막 덕분에 후배들은 난방이 되지 않는 국문과 학회실에서도 그럭저럭 밤을 견딜 수 있었던 것이다. 그리고 본능적으로 현수막 끝자락이라도 덮어보려 애쓰던 동국은 이제 저렇게 후배들 앞에서 짐덩어리 취급을 받고 있는 것이다. 그 모든 진실을 알고 있는 사람은 상록뿐이었다.

"그런데 선배. 이거 불법 아니에요? 좀 불법 같은데."

"뭐가 불법이야?"

상록이 되묻자 금강은 손거울을 들여다보면서 고개를 갸우뚱, 피사의 사탑처럼 옆으로 기울였다.

"음, 그러니까 이거 나름 혼숙에다가 남의 학회실에 무단침입, 아니에요?"

"저기 정도가 국문과 학생인데 뭐가 무단침입이야? 그리고 혼숙을 권장할 건 아니지만, 어제 혼숙이 아니라 노숙을 하자고 했던 건 너냐, 기억 안 나냐? 내일 아침에 9시까지 못 온다고 등반할 거면 다 같이 밤샘하자며!"

"아무리 그래도 그렇죠, 어떻게 난방도 안되는 이런 데서! 사람들이, 집에 가서 아침에 조금만 더 부지런하면 될 것을, 이게 무슨 고생이람!"

"그게 다 누구 때문인데?"

"선배, 지금 저를 겨냥하시는 거예요? 오 마이 갓! 내가 아침에 시간을 잘 못 지키는 건 시차 때문이라고 몇 번을 말해요?"

"너 졸업은 한국에서 했다며? 그런데 무슨 시차야 시차는, 벌써 1년도 넘었는데. 아우, 내가 정말 말을 말지. 너 저번에 고추밭 일일 알바 가기로 했을 때도 너 늦잠 자느라 못 와서 우리 인원 안 맞아서 못 갔지, 그리고 또 저번에 그 과수원 일일 알바 필동이가 구해와 가지고 갈 때도 너 때문에 버스 놓치고, 또 언제야, 저번에."

"오케이, 아이 가릿! 거기까지."

금강은 새침한 표정으로 오케이를 외친 후, 벌떡 일어났다. 그리고 동국에게 다가갔다.

"선배도 빨리 일어나요! 이게 뭐야 정말 불공평하게. 선배 때문에 우리 늦으면 어떡하라고요!"

"5분만, 5분만."

"5분은 무슨 5분이에요. 얼른 일어나요."

동국은 오만상을 다 쓰면서 꿍얼거렸다. 그러나 목이 잠겨 소리도 제대로 나지 않았다.

"나 한데서 자서 그런지 등짝이 너무 쑤시는데 가봤자 짐만 될 거야, 산행에서 빼 주면 안될까?"

동국이 죽어가는 듯한 목소리로 말을 하자 금강은 더욱 더 방방 뛰었다.

"말이 돼요? 우리가 다 이렇게 합숙을 한 게 왜 그런 건데! 아, 동국 선배. 빨리 일어나요, 짜증나게 하지 말고."

"야, 정금강!"

상록이 조금 엄한 표정으로 이름을 부르자 금강은 입을 다물고 대신 삐죽, 내밀었다. 상록과 정도는 지난밤 5자회의 이불이 되어준 현수막의 양끝을 잡고 빨랫감 털듯이 탈탈 털었다. 먼지며 티끌이 모두 떨어진 현수막을 들고 상록이 학림에게 말했다.

"얘들아, 널어라!"

상록의 말이 떨어지자마자 학림과 필동은 현수막을 들고 뛰어나갔다. 날랜 몸집의 두 새내기들의 손에 의해 4·19 기념 등반대회 개최를 알리는 현수막은 제 위치를 찾아 바람을 맞으며 당당히 동악의 한 귀퉁이에 걸렸다. 학림과 필동이 현수막을 거는 동안 나머지 회원들도 어느새 학회실을 정리하고 나왔다. 현수막이 제대로 걸린 모습을 본 금강이 입을 열었다.

"선배, 이거 불법이죠?"

상록이 미간을 찡그렸다.

"뭐가?"

"이렇게 현수막 떼서 덮고 자고 그러는 거요, 이거 불법 아니에요?"

"금강아, 넌 만날 불법 합법 따지고 그러냐? 세상을 그렇게 이분법으로 살면 안 피곤해? 야, 학림아! 애한테 설명 좀 해줘라!"

상록이 말을 끝내자마자 학림이의 일장연설이 시작되었다. 세상에는 이분법으로 설명할 수 없는 것이 많다, 자기도 예전에 논술 공부할 때는 세상에 찬성과 반대만 있는 줄 알았는데 세상에는 저 하늘의 별만큼 무궁무진한 선택사항이 있는 것이다. 합법도 불법도 아닌, 그저 굉장히 실용적인 일로 현수막을 볼 수 없느냐. 그러나 그 말을 마쳤을 때 이미 금강은 저만치 걸어 내려가고 있었다. 더 황당한 것은 자신에게 일장연설을 시켜놓고서 금강이 옆에서 함께 걸어 내려가는 상록이었다.

금강은 말끝마다 법대로 하라는 둥, 이런 건 불법 아니냐는 둥, 말꼬리를 붙였다. 걸핏하면 중학교를 미국에서 나왔다는 이유를 들먹이며 시차 적응이 안되었다고 둘러댔다. 게으르고 불만 많은 금강은 학림으로서 도저히 이해할 수 없는 성격이었는데, 그런 금강을 5자회에 데리고 온 사람이 학림 자신이라는 사실은 정말 모순적인 일이었다. 처음엔 질문 많은 금강에게 답하는 재미가 쏠쏠해서 친해졌는데, 일주일이 지난 지금은 금강의 질문이 두렵기만 했다. 금강의 질문에는 딱히 답이 필요하지 않았다. 학림이 답하는 것에 재미를 느끼고 있듯이 금강 역시 질문하는 행위 자체에 재미를 느끼는 듯했다. 아니면, 아무런 이유 없는 습관이든지.

동국인등반대회는 4·19를 기념해서 4월 중순경에 열리는 북한산 등반 행사였다. 동국인 전부, 그러니까 교직원, 동아리, 학과 등의 단위로 팀 참가접수를 받고 단합이 잘되는 몇 팀에게는 상금을 줬다. 1등 상금이 50만 원이었는데, 5자회는 바로 그 50만 원을 노리고 있었다.

지난밤, 집합장소 근처에 사는 명진을 제외하고 모든 5자회 회원들이 합숙을 한 것도 1등을 하기 위한 노력이었다. 상록의 욕심 같아서는 새내기들을 데리고 가서 미리 등산코스를 답사하고 연습하고도 싶었으나 그럴 여유는 없었다. 새내기들이 더 바빴다. 온갖 아르바이트로 바쁜 필동, 온갖 수업을 다 듣느라 바쁜 학림, 그리고 분명 답사를 하자고 하면 온갖 불만을 토로할 금강까지. 그래서 5자회는 포털 사이트를 검색해 북한산 등반로를 샅샅이 뒤졌다. 두 발이 아니라 마우스로 이리저리 클릭해 보았을 뿐인데 금강은 벌써 한숨을 푹푹 쉬며 투덜거리기 시작했다.

"선배, 근데 50만 원 가지고 어떻게 동아리방을 구해요?"

등반이라니, 금강에게는 말도 안되는 소리였다. 금강은 자기가 한 시간 이상 걸어본 적이 있는지 생각해 봤다. 아무리 떠올리려 해봐도 생각나지 않았다.

"50만 원이 문제가 아니라, 우리가 등반대회에서 상을 탄다면 학교측에서도 우리의 요구, 그러니까 동아리방을 만들어달라는 우리의 요구를 들어줄 거란 말이다. 만약 그게 안되더라도 우리를 알릴 수 있는 절호의 기회라고. 그러니까 우리는 단합된 모습을 보이기 위해서 누구 한 명의 지각도 허락해서는 안돼. 무조건 1등 해야 돼!"

5자회는 수유리 4·19 기념공원으로 가기 위해 지하철을 탔다. 지하철 속에서도 5자회는 단연 튀어 보였다. 자줏빛의 티셔츠 때문이었다. 동아리 회비는 항상 바닥을 치는데 단체 티셔츠를 맞출 돈이 있을 리 없었다. 회의 끝에 필동이 아르바이트하던 가게의 철 지난 단체 티셔츠를 몇 장 얻었다. 자줏빛의 티셔츠 뒷면에는 '단암상회'라는 낯선 상호가 쓰여 있었는데, 지난밤 5자회 사람들은 그 상호를 긁어내고 그 위에 청테이프를 붙여서 '단합, 사랑'이라는 글자를 만들어냈다. 청테이프로 글자를 급조한 자줏빛 티셔츠는 조금 우스꽝스럽게 보일 수도 있었다. 충무로에서 수유역까지는 대략 20분 정도가 걸렸다. 그 20분 동안, 5자회는 지하철을 마치 패션쇼장의 런웨이처럼 즐겼다. 아니, 출근시간의 지하철 속에서 자신의 패션을 즐기는 사람은 동국뿐이었다. 동국에게는 이 자줏빛 티셔츠가 너무도 대견하고 기특했다.

단체 티셔츠로도 통일할 수 없었던 것은 단지 그들의 표정뿐이었다. 새내기들 중에서도 특히 금강은 표정이 엉망진창이었다. 이런 옷을 입고 산을 올라야 한다는 사실이 괴로웠다. 수유역 앞의 마을버스 정류장에는 동국대학교 학생들이 죄다 몰려 나온 듯 입추의 여지도 없이 북적댔다. 버스를 기다리는 줄에서도 5자회는 사방에서 꽂히는 시선을 견뎌야 했다.

명진은 학과 행사 때문에 어젯밤 합숙에 끼지 못했다. 대신 반드시 제시간에 나오겠다고 바위에 새기듯 약속을 한 뒤 자리를 떴다. 상록은 휴대폰의 시계를 들여다보며 지하철역사 출입구를 기웃거렸다. 시간이 얼마 남지 않았을 때 자주빛 티셔츠를 입은 명진의 모습이 보였다. 상록은 저도 모르게 빙긋이 미소를 지었다.

형형색색의 단체티셔츠들이 새 옷감에서 나는 냄새를 풀풀 날리며 지나갔다. 5자회는 헌 옷감에서 느껴지는 자유로움을 풀풀 날리면서 머리띠를 질끈 묶었다. 머리띠는 명진의 아이디어였다. 연극 소품실에서 빌린 것이었다. 명진은 패션에 관해서 둘째가라면 서러운 베스트드레서였는데, 그녀의 패션 제안이라면 누구든 수긍했다. 그런데 5자회에서 머리띠를 거부한 사람이 나타나는 바람에 당황할 수밖에 없었다. 바로 금강이었다. 금강은 왜 자줏빛 티셔츠로도 모자라서 머리띠까지 묶어야 하느냐며 반발하다가 명진의 차가워진 표정을 보고는 말없이 머리띠를 받아들었다.

명진은 분위기를 풀고자 금강의 크로스백에 꽂혀 있던 오이 세 개를 두고 그게 뭐냐고 말을 건네 봤다. 금강은 뾰로통한 목소리로 대답했다.

"오이요."

"그러니까, 오이는 왜?"

"먹고 싶으세요? 하나 드릴까요?"

금강이 눈을 깜빡거리며 당돌하게 되물었다. 늘 이런 식이었다. 금강과의 대화는 항상 상대방을 지치게 했다. 명진은 몇 마디 할까 하다가 그만 됐다는 식으로 입을 닫아 버렸다. 뭔가 이상한 분위기를 느낀 금강은 그제야 오이가 갈증 해소에 좋대서 등산할 때 필요할까 봐 챙겨 왔다는 말을 했다. 명진은 물끄러미 금강을 바라보다 기운 없이 고개를 끄덕여 줬다. 문득 학림이 5자회에 금강을 데려온 날이 떠올랐다.

"어릴 때부터 미국에서 살아와서 한국 문화를 낯설어 하고 그만큼 호기심이 대단합니다."

학림은 어느 교양수업에서 금강을 만났는데 몇 마디 나눠보니 5자회에서 반드시 돌봐 줘야 할 학생 같더라며 금강을 소개했다. 동국을 비롯한 선배들은 뜨악한 표정으로 말문을 쉽게 열지 못했다. 신입부원이 늘어나는 건 좋지만 학림이 누군가를 데려올 거라고는 생각해 본 적이 없기 때문이었다. 말하자면 "저나 잘하지 오지랖도 넓어……"라는 말이 누군가의 입에서 조용히 흘러나오는 것이었다. 명진은 금강을 보자마자 왠지 불편했다. 낯선 사람들 앞에서 조심스러워하는 모습은 조금도 보이지 않고 마치 흠잡을 게 없나 하고 두리번거리는 눈빛이 마음에 들지 않았다. 학림이 인사를 시켰는데도 한쪽 손바닥을 들어 보이며 "하이, 콜 미 금강."이라고 한 게 전부였다. 명진은 동국을 끌고 자리를 옮겨 말했다.

"쟤 받지 말자 오빠. 응?"

"뭔 소리야. 한 명이라도 더 있는 게 좋지 않아?"

"아, 나 몰라. 쟤 들어오면 어쩐지 진짜 생존에 목숨 걸게 될 것 같단 말이야!"

동국은 작은 눈을 게슴츠레하게 뜨고 명진을 노려봤다.

"뭐…… 뭐야 그 눈빛은?"

"너 혹시 쟤가 5자회에서 독보적인 네 인기를 잠식할까 봐 경계하는 거야? 여자들이란……"

명진은 순간적으로 얼굴이 빨개지면서 당황해 버렸다.

"말도 안돼. 그럴 리가 없잖아!"

그러나 딱히 다른 논리가 떠오르지 않았다.

명진의 우려는 현실이 되어 버렸다. 간단명료하고 쿨한 것을 좋아하는 명진은 금강 때문에 하루하루 스트레스를 받았다. 동국이 대체 왜 저런 금강을 5자회에 제격이라며 허락했는지 이해할 수가 없었다. 이럴 때 명진이 할 수 있는 일은 그냥, 입을 꾹 다물고 피하는 수밖에. 그러나 갑자기 울컥하고 짜증이 튀어나오는 것까지는 막을 수가 없었다.

"내가 볼 때는 금강아 너 시차가 아니라 성격 문제다. 성격."

금강의 표정이 잠시 멍해지더니, 곧 다시 독해졌다.

"언니, 나 싫어하는 거 아는데요, 인자요산仁者樂山 지자요수智者樂水래요. 우리 대디가 산에 간다니까 말해줬어요. 언니도 인자요산 지자요수 좀 하세요."

말 한마디도 지지 않으면서 자신의 짐은 선배, 동기들에게 다 맡겨두고 걸어가는 금강의 모습에 명진은 기가 찼다. 그러나 더 이상 할 말도 없었다.

개회사가 있었고, 곧 공원 광장을 가득 메웠던 인파가 술렁이기 시작했다. 자원봉사단의 움직임도 바빠졌다. 수천 명의 사람들이 사고 없이 등반을 완주하기 위해서는 질서가 무엇보다 중요했다. 5자회는 출발 차례가 될 때까지 제자리에 서서 기다렸다. 그동안 상록은 주최측에서 나눠 준 생수와 기념품을 빠트리지 않았는지 확인하고 미리 준비해 뒀던 구급약도 점검했다. 제일 중요한 건 등반 루트였다. 대동문까지만 올라갔다가 점심을 먹고 하산하는 코스였다. 일정표대로라면 점심시간쯤에는 대동문에 도착할 거였다. 그리고 이후의 일정에 해당하는 경로는 모두 내리막길이었다. 북한산은 백운대와 인수봉과 만경대라는 세 봉우리가 유명하다던데, 그래서 원래 이름이 삼각산이라던데, 아마도 위험한 코스라 거기까지는 안 가는 모양이었다. 상록은 경로를 탐색해 놓길 잘했다는 생각이 들었다.

"금강아, 너 만날 미국 시차 어쩌고 하는데, 오늘이 무슨 날인지는 알고 가는 거지?"

상록이 묻자 금강은 뚱한 표정으로 대답했다.

"등반대회라면서요."

"그러니까 왜 등반대회를 하는 건지는 알지?"

"상금 타려고요."

금강이 무심하게 대답하는 한마디, 한마디에 상록의 가슴이 답답해졌다.

"그러니까 왜 학교에서 상금을 걸고 등반대회를 주최하는 건지는 아냐고. 왜 하필 오늘 그러냔 말이지. 안 그래? 내일도 있고 모레도 있을 수 있는데? 왜 하필 오늘 하는 거겠니?"

"왜요? 오늘 하면 안돼요?"

두 사람의 대화를 듣던 나머지 일행들이 비명을 질렀다. 금강과의 대화는 끝도 없었다. 논지가 뭐였는지 흐려지는 건 시간 문제였다. 게다가 금강은 이제 끝도 없는 질문을 상록에게 퍼붓고 있었다.

"오늘 하면 안되는 거예요? 이거, 불법이에요?"

"형!"

상록은 뒤에서 따라오던 동국을 불렀다. 이런 금강을 상대할 사람은 동국뿐일 것 같았다. 그러나 동국은, 동국은 보이지 않았다.

"어? 형! 야, 동국이 형 어디 갔어?"

명진이 그런 상록을 향해 의미심장한 표정을 지어 보였다. 어쩔 수 없다는 듯한 웃음이었다.

"뭐야, 뭐야 형 갔어?"

"동국 오빠는 이따 합류할 거야. 산 너머 저쪽에서."

"뭐?"

상록은 풀썩, 그 자리에 주저앉았다. 아무리 동국 형이라지만, 이런 식으로 편법을 써서야 되나. 항상 동국의 움직임을 주시하는 명진이 동국이 몰래 빠지는 것을 몰랐을 리는 없고, 분명히 어쩔 수 없이 눈감아 줬을 것이다. 동국은 지금쯤 버스를 타고 4호선 수유역으로 돌아가 하산 지점으로 향하고 있을 터였다. 상록은 칭얼대는 후배들을 이끌고 산을 넘을 생각에 눈앞이 캄캄해졌다. 상록의 속을 아는지 모르는지 명진이 큭큭대며 말했다.

"오우, 상록! 니가 대장이네? 동국 오빠 없이 되겠어?"

그 말이 아니었다면 갑자기 어두워지는 하늘처럼 구겨지는 마음을 주체할 수 없었을 것이다. '대장'이라는 한마디에 책임감이 불끈 솟았다. 어떻게 생각해 보면 이것은 동국이 짜놓은 계획일지도 몰랐다. 그리고 상록 자신에겐 동국에게 가려져서 보이지 않았던 리더십을 보일 기회였다. 상록은 모처럼 명진에게 제대로 된 모습을 보여주기로 했다.

출발 직후 분명히 도로를 따라 걷기 시작했는데 등반 무리들은 어느 틈엔가 산길로 접어들고 있었다. 자줏빛 티셔츠를 입고 산을 오르는 5자회 사람들은 군데군데 물든 봄꽃들과 어우러져 분간이 되지 않았다. 하늘은 맑았고, 꽃은 만발했고, 5자회의 체력도 아직은 괜찮았다. 그러나 경사가 가팔라지기 시작하면서 5자회의 체력도 급격히 떨어져갔다. 상록은 머릿속으로 루트를 그려 봤다. 지금 지나고 있는 곳은 진달래능선으로 올라가는 코스였다. 하늘엔 구름이 잔뜩 끼어 있었다. 이대로 해가 나지 않는다면 좀 힘들긴 해도 볕이 따가워 고생스러울 일은 없을 것 같았다.

상록은 뒤를 돌아보았다. 금강이 한참 뒤처져 있었다.

"금강아! 괜찮냐?"

금강은 말없이 고개를 끄덕였다. 투덜거릴 만도 한데 한마디도 없는 것이 어째 더 불안했지만, 그래도 금강 뒤에 묵묵한 정도를 붙여 놓았으니 낙오되거나 하지는 않을 것 같았다. 일행은 그렇게 금세 능선에 올랐다. 상록은 대열을 바꾸기로 했다. 산을 잘 타는 사람들을 뒤에 배치하고, 잘 못 타는 사람들을 앞에 배치한 것이다. 벌써 지친 건가, 하고 상록이 다시 금강을 돌아봤을 때, 금강은 멍한 표정으로 물었다.

"근데요, 선배."

"어."

"이거 불법이죠?"

그 순간 뒤에서 따라오던 명진이 휘청, 발을 헛디뎠다. 다행히 접지르진 않았지만 그 모습을 뒤에서 보고 있던 학림과 필동은 마음을 접지른 것처럼 아팠다. 상록은 등줄기에 식은땀까지 흘렀다. 아무도 대답이 없자 금강이 재차 물었다.

"불법 아니에요?"

금강은 가방에서 오이 하나를 빼내 분풀이라도 하듯 한 입 콱 깨물었다. 말도 안되는 소리만 하는 후배에 힘이 점점 달리는 듯한 명진, 그리고 아무것도 몰라 그저 졸졸 따라오기만 하는 필동과 학림을 보면서 상록은 자꾸만 동국이 그리워졌다. 정도가 묵묵히 곁에 있어준 것만으로도 큰 위안이 되긴 했으나 아무래도 동국의 아우라는 보이지 않았다.

"너 등산객이 얼마나 많은 줄 알아? 산 타는 게 왜 불법이야? 어? 그걸 지금 몰라서 묻는 거냐 아니면 너 캐릭터 만들려고 그러는 거냐? 너 미국에선 산 안 탔어?"

따각, 상록의 말이 끝나기가 무섭게 금강이 오이를 또 한 입 베어 물었다. 금강이 뭐라고 하려는 찰나 명진이 앞으로 나서며 말했다.

"불법 아니야, 오케이? 가만가만 상대해 주다 보니 아주 제멋대로잖아? 상록아 얼른 가."

명진이 앞장서기 시작했다. 따각, 따각, 금강이 오이 깨무는 소리가 명진을 뒤따라갔다. 거기서 불법 논쟁이 일단락되는가 싶더니, 한참 후 백련사 쯤에 다다랐을 때는 학림이 신나게 떠들고 있었다. 학림은 금강에게 왜 등산이 불법이라고 생각하는지에 대해 묻고, 왜 너의 말이 사람들을 어처구니없게 만드는지에 대해 묻고, 진짜 웃기기 위해 그런 말을 한 것이 아닌지에 대해 물었다. 그리고 금강이 오이만 톡, 톡, 깨물고 있자, 대답을 듣기도 전에 신나게 합법과 불법에 대한 금강의 고질병에 대해 일장연설을 늘어놓았다.

"금강아! 말해 봐, 우리가 왜 불법인지에 대해. 지금 동국대학교에서 주최한 4·19 등반대회가 왜 불법인지에 대해."

금강과 떨어져 있는 동안 힘을 비축한 상록이 다시 나서서 말했다.

그리고 금강이 또다시 오이를 한 입 베어 물려고 하자, 정도에게 눈짓을 했다. 정도가 금강의 손에서 오이를 빼냈다.
"내 말은, 등산이 불법이 아니라요, 4·19가 불법 아니냐고요."
명진은 종주먹을 쥐곤 자기 가슴을 툭툭 쳤다. 답답한 건 명진뿐만이 아니었다. 상록은 무슨 말을 해 줘야 할지 난감했다. 아무리 외국에서 살아왔다고 해도 이건 너무하다 싶었다. 상록은 동국 형이라면 어떻게 했을까 곰곰이 생각했다. 아마도 4·19에 대해 차근차근 설명해주지 않았을까 싶어 이야기를 시작했다. 그러나 산행을 하면서 길게 말하는 게 쉽지 않아 허덕대면서 요점만 간단히 읊었다.
"……그러니까, 왜 4월의 오늘, 왜 우리가 등반을 하는지 알겠지?"
상록은 비장한 목소리로 금강에게 되물었다.
"잘 모르겠지만, 뭐…… 그런 일도 있었구나 싶네요."
상록은 겨우 알아듣게 말해줬다 싶었는데 금강의 대답에 그만 기운이 쭉 빠지고 말았다. 그리고 한숨 섞인 말투로 다시 물었다.
"대체 뭘 잘 모르겠는데?"
금강은 따분하다는 듯 말했다.
"4·19는 그렇다치고요. 내 말은, 근데 4·19에 우리가 왜 등산을 해야 하는 거냐고요. 다른 걸 할 수도 있잖아요."
"4·19 기념공원에 와서 묵념도 하고 북한산까지 온 김에 다 같이 등산도 하면 좋은 거지 뭐가 그렇게 불만이냐 넌?"
상록은 그만 신경질이 나 조곤조곤 설명할 의욕을 잃어버렸다. 그 바람에 금강은 겁을 먹고 입을 닫아 버렸다. 그 뒤로도 한참을 상록은 금강에게서 멀찌감치 떨어져 걸었다. 명진은 자기도 금강이 마음에 드는 건 아니었지만 그렇다고 후배에게 화를 내 버린 상록을 두둔하고 싶지는 않았다. 썩 내키지는 않았지만 금강에게로 다가가 이런저런 말을 붙였다. 산길에서 울어 버리기라도 하면 골치아픈 일이기 때문이었다. 명진의 노력에도 불구하고 분위기가 엉망이 되어 버린 채 산행이 계속됐다. 상록은 홧김에 소리를 지르긴 했지만 금강에게 미안한 마음을 어쩔 수가 없었다. 게다가 산을 내려가면 동국을 만날 텐데 그때까지 이 지경이 계속된다면 어쩌나 싶었다. 무거운 마음은 등에 진 짐에 비할 것이 못됐다. 왠지 하늘은 더 낮게 내려앉아 있는 것 같았고 허리며 다리며 안 아픈 곳이 없었다. 상록은 일부러 산에 갇혀 버리거나, 길을 잃었을 때, 혹은 산에서 밤을 보내야 할 때 유용한 지식들에 대해 주저리주저리 늘어놓았다. 다행히 금강이 특별한 반박을 하지 않았기 때문에 한동안 평화가 유지되었다.

모두들 지쳐갈 때쯤 땅만 보고 걷던 그들의 앞에 느닷없이 대동문이 나타났다. 오르막은 다 끝난 셈이었다. 그리고 점심시간이었다.

대동문에서는 한 시간 정도 점심식사를 하고 휴식을 취하게 되었다. 단체별로 점심식사를 준비해야 했지만, 단체 티셔츠도 겨우 협찬받은 5자회가 점심도시락을 준비했을 리 없었다. 집에서 출발했던 명진이 조금 여유있게 음식을 준비하긴 했지만, 그래도 5자회의 먹성 좋은 사람들이 모두 배를 채우기에는 턱없이 모자랐다. 명진이 싸온 주먹밥과 과일은 금세 동이 났다.

"아침에도 사발면 하나 먹었는데!"

누군가가 중얼거렸다. 5자회는 대동문 처마 밑에 쭈그리고 앉아서 저 아래 자리를 깔고 앉아 갖가지 도시락으로 맛있는 냄새를 풍기는 사람들을 지켜보고 있었다. 다른 곳으로 시선을 돌리려고 해도 잘 되지 않았다. 금강이 말했다.

"선배는 몇 번 왔다더니, 왜 도시락도 안 챙기셨어요? 우리 굶어죽는 거 아니야? 오 마이 갓, 이게 뭐람!"

상록은 자신이 인솔하는 5자회에서 그런 의구심이 생겨난다는 사실이 자존심 상했다. 그는 이럴 때 동국이 하던 행동을 떠올려 보았다. 그저 빙그레 웃거나, 아니면 한 술 더 뜨거나. 아무튼 절대로 당황하면 안되는 것이 리더의 자질이었다.

"생존 능력을 배우고 싶어서 왔다며! 잘 보고 배워. 이게 바로 5자회를 5자회답게 하는 시간 아니겠어? 자, 우리 이제 한 번 실력을 발휘해 볼까! 보통, 이런 경우 학과 단위 참가자들은 도시락을 예상인원에 맞춰 주문하거든. 근데 갑자기 안 나오는 애들이 있어."

"동국 선배처럼?" 금강의 말에 상록이 크게 웃으며 말했다.

"바로 그거지! 도시락이 남는 거지. 그러면 그걸 그냥 버리게 되겠지! 두 개 이상 먹는 놈들이 많지 않다면 말이야! 그럼 우리는 그 남는 도시락을 차지하면 되는 거야. 뭐, 음식물 쓰레기도 없애주고 좋은 일이지. 정도, 넌 국문학과를 맡아. 나는 사회학과를 맡을 거고, 명진아, 너는 영화학과를! 그리고 새내기들, 니들은 그냥 기다려! 조금 있다 부를 일이 있을 것이다. 정도, 명진, 따라와!"

상록의 지휘대로, 모두 흩어졌다. 새내기들은 도대체 뭐가 어떻게 돌아가는 것인지 잘 모르는 채로 어안이 벙벙한 채 서 있었다. 잠시 후, 상록과 명진, 정도는 각각 모양이 다른 도시락들을 몇 개씩 들고 돌아왔다. 한 사람당 두 개씩 돌아갈 정도의 양이었다. 허기진 5자회가 도시락으로 배를 채우는 모습을 보며 상록이 말했다.

"많이들 먹어라, 많이들! 하산하기 전에 우리는 해야 할 일이 있으니까."

20분 후, 5자회는 2인1조가 되어 영화학과, 국문학과, 사회학과의 음식 쓰레기를 치웠다. 금강은 연신 '오 마이 갓'을 연발했지만, 그래도 묵묵히 쓰레기를 치웠다. 5자회가 얻은 도시락에 대한 대가였다. 국문학과나 영화학과나 사회학과나, 심지어는 다른 단체에서도 북한산의 기운을 받은 사람들은 남는 도시락을 선뜻 주려고 했지만, 5자회 회장 상록은 고개를 저었다.

"도시락 주시는 대신, 저희가 쓰레기를 치워드리겠습니다. 작년에도 몇몇 과에서 호응이 좋았는데, 아실라나 모르겠지만."

상록은 너스레를 떨면서 기분이 한층 더 좋아졌다. 먹이를 물고 둥지로 돌아가 새끼에게 먹인 어미새의 심정이랄까. 밥을 먹고 난 5자회는 자신들이 먹은 자리뿐 아니라, 도시락을 제공한 다른 과의 쓰레기들까지 모두 치우고 나서게 된 것이었다. 그리고 그 와중에 금강이 도시락 협정을 맺은 과 외에 다른 단체의 구역에 떨어져 있던 쓰레기까지 굳이 치우게 되는, 희귀한 풍경도 벌어지게 되었다. 그리고 찰칵, 누군가의 카메라에 그 장면이 포착되었다.

"역시 카메라도 정금강을 알아보나 보다. 평소에 일 안하고 빼질

대는 거 다 아는데, 니가 남의 쓰레기까지 대가 없이 치워주는 게 오죽 특종이냐!"

학림이 말하자 금강은 잠시 삐죽, 입을 내밀더니 곧 다시 생글생글 웃었다. 남는 시간 동안 5자회는 대동문 처마 밑에 앉아 그 아래 펼쳐지는 서울의 풍경을 보았다. 명진이 말했다.

"야, 오늘 너 다시 봤다!"

"나?"

상록의 얼굴이 벌개졌다.

"어, 너랑 있으면 굶진 않겠더라고!"

명진이 상록의 한쪽 어깨를 툭툭 치면서 웃었다. 그 순간, 상록은 이곳이 북한산 정상, 아니 에베레스트라고 해도 믿을 것 같은 기분이 들었다. 그때였다. 하늘의 구름들이 빠르게 움직이더니, 곧 비가 툭툭 떨어지기 시작했다.

"얘들아! 마침 우리가 대동문 처마 밑에 있을 때 비 오는 것 좀 봐라. 이건 하늘이 우리 5자회를 돕는 거야. 하늘은 스스로 돕는 자를 돕는다고 하잖아. 그나저나 저 사람들은 다 어떡하냐……."

내내 묵묵히 산행만 하던 정도가 대동문 망루 아래를 가리키며 말했다. 대동문 망루 위로 올라오지 못한 다른 팀들은 갑자기 내린 소나기에 우왕좌왕하며 비닐봉지나 신문지를 들고 뛰고 있었다. 정도는 쏟아지는 빗줄기를 보며 잠시 생각에 잠기더니 4·19에 대해 이야기하기 시작했다. 누가 물어본 것도 아니었지만 시작된 이야기였고, 누구더러 들으라고 한 것도 아니었지만 5자회뿐 아니라 그 옆을 지나가던 다른 사람들까지 어영부영 귀를 기울이게 하는 이야기였다.

"1960년 4월 18일 오후 3시…… 동국대학교 학생운영회 간부들이 모여서 긴급 회의를 시작했지. 이미 오전에 고려대 학생들은 교문을 박차고 거리로 나간 뒤였어. 그동안 고등학생을 중심으로 전개되었던 전국적인 시위가 이제 대학으로 확대되기 시작한 거야."

대동문 처마 아래, 서울의 모습이 훤히 보였다. 날은 흐렸고, 비가 와서 잔뜩 찌푸린 하늘이 이승만의 독재로 얼룩졌던 60년대의 풍경과 혁명 직전의 전운을 느끼게 했다.

"두둥!"

학림이 장난스레 추임새를 넣었다. 상록이 학림의 뒤통수를 툭 쳐서 경고했다. 정도는 감상에 젖은 눈으로 서울을 내려다보며 이야기를 계속했다.

"전날 먼저 시위에 나섰던 고려대학교 학생들이 귀교길에 100여 명의 폭력배에게 습격을 당했다는 소식이 들려왔던 거야. 그 소식을 전해 듣고 동국대 캠퍼스 전체가 분노로 들끓었지. 누가 먼저랄 것도 없이 학생들이 하나둘 본관 앞으로 모이기 시작했어. 거의 2,000여 명쯤. 학생 시위대는 전열을 정비하고 오전 11시에 교문을 나섰어."

따각, 금강이 오이를 베어 물었다.

"엥? 선배는 그런 걸 어떻게 알아요? 그때 살아본 것도 아니면서?"

금강을 제압한 건 명진이었다. 금강의 옆구리를 쿡 찔러 눈치를 주자 금강도 심상치 않은 분위기를 느꼈는지 입에 문 오이를 조심조심 씹었다. 정도는 다시 이야기를 시작했다.

"학생들은 구호를 외치며 을지로를 가로질렀어. 지금의 세종로, 그러니까 그때의 국회의사당으로 향하기 시작했지. 국회의사당 앞에 도착한 시간은 11시 30분, 곧 타 대학 시위대가 모여들기 시작했어. 이미 시내 중심가는 동국대뿐 아니라 건국대, 서울대, 고려대, 중앙대, 연세대, 성균관대, 경희대, 단국대, 국민대, 한양대…… 그러니까 서울 시내 대부분의 대학 시위대가 몰려나오고 있었지. 대학생들은 각자 역할을 나누어 흩어졌고, 우리 동국대 학생들은 권력의 핵심부인 경무대로 직행하기로 했어. 자유당 정권의 부정선거를 규탄하는 움직임은 그렇게 퍼져 나갔어. 오후가 되니까 시민들이 합세했고, 서울 말고 다른 도시들에서도 부정선거 규탄 시위가 벌어졌지. 노희두, 이동인, 전대기……. 뭐 다 나열할 수는 없지만, 그날 동국대학교 학생들도 많이 다쳤어. 노희두 동문이 경찰의 총에 맞아 산화했고, 28명의 학생들이 중상을 입었지. 부상 입은 사람들이야 이루 헤아릴 수도 없었고."

빗줄기는 더욱 더 굵어져 빗방울이 산야를 두드리는 소리가 마치 독재타도를 외치는 국민들의 함성처럼 들렸다. 5자회는 점점 말이 없어졌다. 말이 많던 학림도, 딴죽만 걸던 금강도 조용했다. 들리는 것이라고는 천지를 뒤흔드는 우레와 빗소리뿐이었다. 경찰의 발포로 인해 전국에서 모두 142명이 숨지고, 1,000여 명의 사람들이 부상을 당했던 그날, 그날의 함성이 빗소리를 뚫고 크게 울렸다.

"지금 몇 시냐? 그래, 오후 한 시. 한 시에 계엄령이 선포된 거야. 전국에 임시휴교령이 내려지고, 정부에서는 그렇게 일이 수습되는 줄 알았겠지. 그렇지만 그건 문제의 핵심을 못 본 거지. 3·15 부정선거 규탄으로 시작된 시위가 이제는 이승만 정권의 퇴진까지 요구하게 된 거야. 그래서 결국 4월 26일 오후 1시, 이승만 대통령이 하야했지. 막강한 국가권력이라도 국민을 화나게 하면 어떻게 되는지 본때를 보여준 셈이었어. 뭐…… 나중에야 어떻게 되었든, 그때 다들 드디어 서울의 봄이 찾아왔다고 난리였대."

정도가 말을 마치자마자 비가 잦아들기 시작하더니 결국엔 거짓말처럼 하늘이 열리기 시작했다. 구름이 찢어진 틈으로 파란 하늘이 보이고 그 틈으로 비치는 햇볕이 서울시를 군데군데 비췄다.

사람들이 웅성거리며 하산을 준비했다. 비 때문에 잠시 늦춰진 일정을 맞추기 위해 다들 서두르는 눈치였다. 5자회도 주섬주섬 짐을 챙기고 대열에 합류하려던 때, 금강이 하늘을 가리키며 외쳤다.

"와우! 인크레더블. 저기 좀 봐요."

5자회뿐만 아니라 근처의 학생들도 금강의 말투를 듣고 놀라 가리키는 방향을 쳐다봤다. 그곳에는 엄청나게 커다란 무지개가 뻗어 내려와 서울의 하늘을 둥그렇게 감싸고 있었다.

하산길은 미끄러웠다.

"진짜 산꾼은 내려갈 때 실력을 발휘하는 거다! 사고가 날 때는 항상 내려갈 때 난다고! 조심!"

상록이 대장답게 외쳤다. 모두가 네, 하고 우렁차게 대답했다.

필동과 학림은 조금 전 정도가 4·19에 대해 얘기하던 모습을 곰곰이 되새기고 있었다. 일부러 얘기를 해 주려고 준비해 온 것 같지는 않았다. 뭔가 사연이 있는 사람처럼 표정이 어두웠던 것이다. 필동은 정도가 대열의 맨 뒤를 책임지느라 조금 떨어져 오고 있는 것을 확인하곤 명진에게 바짝 붙어 물어봤다.

"아까 정도 형 말이에요. 좀 이상하지 않았어요?"

명진은 필동의 말에 고개만 끄덕이며 걸었다. 필동은 정말 뭔가 있는 거구나 싶어 다시 물어봤다.

"사연이 있는 것 같던데……."

"할아버지가 그때 돌아가셨대. 그러니까 쟤는 한 번도 할아버지를 본 적이 없는 거지. 아마 그래서 쟤네 아빠가 어릴 때부터 고생을 많이 했나 봐. 저렇게 생생하게 아는 걸 보면, 모르긴 몰라도 자기네 아빠한테 귀가 닳도록 들은 모양이지."

금강이 소리를 지르는 바람에 명진과 필동의 밀담은 거기서 끝났다.

"아아, 이게 뭐야. 더 이상 못 가겠어. 신발도 다 버렸단 말이야."

엄살이 아니었다. 질척거리는 길을 걷는 동안 금강의 신발은 흙투성이가 되었고 새 다리처럼 가는 두 다리는 후들후들 떨렸다. 힘든 건 금강뿐이 아니었다. 명진도 내색은 하지 않지만 안하던 산행이라 힘들어하는 기색이 역력했다. 상록은 걸음을 늦춰 대열을 이끄느라 본대와 한참 떨어지고 있다는 걸 알았다. 상금을 타는 게 목적이었지만 별 희망은 없어 보였다. 금강이 멈춰 서서 꼼짝도 하지 않는데 엎친 데 덮친 격으로 5자회의 앞엔 방금 내린 소나기로 생긴 물길이 가로막고 있었다. 위험할 정도는 아니었지만 넘어지기라도 하면 큰 낭패를 보기 십상이었다. 그때 명진이 앞으로 나서며 금강에게 손을 내밀었다.

"잡아."

명진이 시원하게 내민 손을 보고 금강은 조금 놀랐다. 얼얼한 표정을 짓고 있는 금강에게 명진이 재촉했다.

"얼른 안 잡고 뭐해? 또 뭔 시비를 걸려고?"

명진이 여전히 차가운, 그러나 얼핏 누그러진 것 같은 목소리로 말했다. 금강이 잠시 쭈뼛거렸다.

"빨리 잡아라, 여기서 넘어지면 개망신이다."

금강은 그제야 명진 손을 덥석 잡았다. 그러면서 대답했다.

"근데 선배 그거 불법인 거 알아요?"

"뭐?"

"아니, 우리 5자회 다 어제 밤부터 합숙했는데 선배만 쏙 집에 가 버린 거, 그거 불법 아니고 뭐예요? 동아리 수칙에 그런 건 없나?"

금강은 물길을 명진 덕에 잘 건너고선 어느새 다시 당당해져 있었다. 명진은 잡고 있던 손을 확 놓으려고 했다.

"아, 언니이. 나 힘들단 말이에요."

금강이 어디서 나왔는지 모를 힘으로 명진의 손을 꽉 붙들고 매달렸다. 명진은 어이가 없다는 얼굴로 헛웃음만 흘렸다.

"언니 있잖아요, 왜 등산하는지 알 것 같아요. 4·19에."

금강이 말했다.

"상금 말이에요. 뭐 필요 있어요? 아까 본 무지개, 그거 아무나 볼 수 있는 거 아니죠? 그거 보니까 딱 알겠더라구요."

명진은 금강이 문득 귀여워 보이기도 하고 여전히 얄밉기도 했다.

"그래, 뭘 알았는데?"

금강은 배시시 눈웃음을 짓고 말했다.

"몰라요. 뭘 알겠는지 딱 꼬집어 말하라면 모르겠는데…… 그렇다고 아무것도 모르겠는 것도 아니고…… 하여간 복잡해요. 나중에 정리되면 알려 줄게요. 언니도 잘 알잖아요. 제가 좀 산만한 거."

금강의 말에 명진은 웃음을 참지 못하고 말았다. 그와 동시에 냉랭하던 마음도 사르르 녹아 버렸다. 그때였다. 명진의 휴대폰 소리가 크게 울렸다. 동국이었다.

"너네 밥 안 먹어? 다 내려왔는데 뭐하고 있어? 나 없는 틈에 멧돼지라도 잡았냐? 빨리 내려와. 배고파 죽겠다. 여기 닭백숙 파는 데 엄청 많아."

명진은 동국의 어처구니없는 투정에 또 한 번 웃었다. 그리고 전화기를 상록에게 건네며 말했다.

"야, 최상록. 빨리 내려오라신다."

상록은 전화를 받자마자 대뜸 소리부터 질렀다.

"형! 정말 이러기예요? 저랑 상의를 좀 하시고 움직이세요. 이건 뭐 나 혼자 정말……."

그러나 전화기 저편에서 동국은 이미 막걸리에 거나하게 취해 횡설수설하고 있었다. 상록은 소리를 지르긴 했지만 동국을 만나면 해줄 얘기가 많았다. 점심을 자기 덕에 멋지게 해결할 수 있었고 정도가 후배들에게 제대로 정신교육을 시켰으며 명진과 금강의 사이가 좋아졌다고, 그리고 무엇보다 등산한 사람에게만 주어진 선물, 즉 대형 무지개를 보앉다는 얘기를 해주고 싶었다. 그건 아무리 대단한 선배인 동국 앞이라도 우쭐할 수 있는 건수이기 때문이었다.

북한동 쪽의 백숙집에서 동국은 이미 백숙 한 마리를 먹어치운 뒤였다. 땀과 비에 젖은 5자회 후배들이 나타나자 동국은 호방하게 백숙 몇 마리와 막걸리를 더 주문했다. 상록은 동국 맞은편에 앉아서 5자회 고문이 없어도 기지와 뚝심으로 점심도 해결하고, 빗길에서도 후배들을 잘 인솔했다는 것을 반복해서 피력했다.
"형, 그것도 재! 금강이를 데리고 내가 등산을 갔다 왔다는 게 나는 너무 뿌듯하다니까요! 명진이가 오늘 날 보고 뭐랬는 줄 알아? 굶어죽진 않겠대, 하하."
"그래, 상록이 너 먹을 복은 확실히 있다."
"형, 먹을 복이 아니라 내 기지와 뚝심으로 빚어낸 결과라니까, 아, 물론 우리 5자회 사랑하는 후배들이 함께했기 때문에 가능한 거였지만."
상록은 상록대로, 동국은 동국대로 한껏 들뜬 표정이었다. 한참을 낄낄거리던 상록이 문득 정색을 하고 이거 계산은 누가 할 거냐고 묻자, 동국은 벽에 걸린 메뉴판을 들여다보고 말했다.
"내가 오늘 쏜다. 단, 10만 원 안에서 움직이는 거야. 지금까지 주문한 게 6만 원이니까 4만 원어치 더 먹을 수 있어. 시켜, 시켜. 힘들었지?"
"오빠가 웬일이야, 로또라도 된 거야?"

명진이 놀라면서 물어도, 정도가 정색을 하고 물어도 동국은 실실 웃기만 했다. 하산 시간 안에 도착하지 못하고, 그래서 상금과는 아주 거리가 멀어졌지만 누구도 그런 결과에 대해 불만을 제기하지 않았다. 그날 저녁, 5자회는 닭백숙과 막걸리로, 그리고 산 기운으로 포만감을 얻었다. 동국은 기분이 너무 좋은 나머지, 후배들 앞에서 노래까지 불렀다.

며칠 후, 동국은 5자회에게 지명수배를 받았다. 동아리 고문으로서 공금을 횡령한 죄였다. 회장인 상록은 아주 분개하고 있었다. 등반대회 상금을 손에 한 번 쥐어보지도 못하고 날리다니…… 상록은 만해시비 쉼터에 앉아 5자회 멤버들에게 얼른 동국을 찾으라고 독촉 메시지를 보냈다. 그래도 분이 풀리지 않아 씩씩대고 있는데 언제 왔는지 명진이 다가와 앉았다.

"소용없어, 우리가 뛰어봤자 동국 오빠의 신출귀몰을 어떻게 당해."

명진의 손에도 동대신문이 들려 있었다. 명진은 그것을 들여다보며 연신 킥킥댔다. 동대신문에는 대동문에서 점심을 먹은 뒤 쓰레기를 치우던 5자회의 사진이 실려 있었다. 그리고 그 옆에 시상식에서 동국이 인터뷰를 하는 모습도 있었다. 기사는 몸도 마음도 건강한 청년들이라며 5자회를 한껏 추켜세워 주었다.

"뭔가 이상하다 싶더라니…… 하여간에 못 말려 동국 오빠."

등반이 끝나고 동대신문이 배포되고서야 5자회는 사건의 내막을 알게 됐다. 시상식 시간이 이미 지나 버리고, 5자회가 무지개로 상금을 대신 받은 셈치고 내려오던 그때, 동국은 유유히 시상식에 참석했다. 동국이 예견했던 것인지 아닌지는 몰라도, 단상 위에서는 5자회가 호명됐다. 3등이었다. 주최측에서는 참가자 명단에 동국의 이름이 있는 것을 확인하고 그만 상금을 내주고 말았다. 동국은 그 길로 백숙집으로 가서 백숙을 빛의 속도로 먹어치웠다. 그 다음 명진에게 전화를 걸어서어서 내려오라고 전화한 것이었다.

상록은 한숨을 길게 내쉬고는 노인네처럼 무릎을 짚고 일어섰다.

"그래 명진이 네 말이 맞다. 그 형, 이기려면 아직 난 한참 멀었어. 까짓거 뭐. 우리가 언제 운영비 신경썼냐. 그깟 십만 원, 없는 게 나아. 괜히 속만 좁아지지."

"잘 생각했어. 역시 우리 대장답네."

상록은 명진의 칭찬에 우쭐해졌다.*

---

* 윤고은 2004년 대산대학문학상 소설 당선, 2008년 제13회 한겨레문학상 수상

5자회, 연극 구경을 가다

한여름을 방불케 하는 6월. 캠퍼스 역시 학기말 시험의 뜨거운 열기로 한껏 달궈졌다. 여름방학으로 가는 마지막 관문이자 한 학기의 결실을 맺는 중요한 시기라 술집과 카페들의 분위기는 평소와 달리 조용해졌고, 반대로 취업 전쟁의 전진기지 노릇만 하던 도서관은 오랜만에 학생들로 북새통을 이뤘다.

   5자회의 멤버들 역시 도서관 곳곳에 자리를 잡고 앉아 시험공부 삼매경에 빠져 있었다. 상록은 열성적인 5자회 활동으로 소홀했던 지난 중간고사를 만회하기 위해 2주간의 동아리 활동 금지령이라는 극단적인 결정까지 내렸다. 하지만 멤버 전원이 도서관에서 살다시피 하는 상황이다 보니 오다가다 마주치고, '커피 한 잔 OK?'라는 문자 하나면 금세 휴게실에 모여들어 상록이 내린 금지령은 유명무실해져 버리고 만 셈이었다. 상록은 문자 금지령까지 내리고 싶은 마음이 굴뚝 같았지만 권력 남용이라는 명진의 타박에 머쓱해져 그만두고 말았다.

필동은 벌써 몇 시간째 열람실에 앉아 자신의 머리를 쥐어뜯고 있었다. 사물의 모양을 본따 만든 글자가 한자漢字라고 했던가. 그러나 도무지 그림이 떠오르지 않는 글자의 뜻을 찾아 전자사전에 매달려 있던 필동은 밀려오는 졸음을 쫓아내려 자신의 뺨을 '찰싹' 소리가 나도록 때렸다. 필동은 대학 입학 후 가장 곤란한 경우가 바로 한자로 가득한 전공 서적을 읽어야 할 때라고 생각했다. 영어는 지겹게 접해왔기 때문에 모르는 단어라도 어디선가 본 듯하기라도 하지, 한자는 대大, 중中, 소小, 일一, 이二, 삼三 정도만 구분하면 된다 싶어 손을 놓고 있었기 때문에 이놈이 저놈 같고, 저놈이 이놈 같기만 했다. 필동은 머리만 쥐어뜯고 있다가 슬슬 한계에 달하고 있다는 것을 느꼈다. 그는 휴대폰을 열고 긴급구조 문자를 찍었다.

'커피 한 잔 OK?'

밤이 깊어갈수록 휴게실의 커피 자판기 앞에는 밀려오는 잠과 사투를 벌이는 학생들이 긴 줄을 만들었다. 정도는 한참을 기다린 뒤에야 양손에 가득 커피 잔을 들고 조심스럽게 멤버들에게 다가왔다.

"고맙습니다, 선배님. 카페인이 절실했어요."

필동은 커피가 마치 보약이나 되는 듯 냉큼 받아 들더니 훌훌 불어가며 입술을 댔다 말았다 했다. 금강이 그런 모습을 지켜보다가 혼잣말 하듯 말했다.

"뜨거울 것 같은데……?"

필동은 금강의 말을 듣는 둥 마는 둥하고 커피를 크게 한 모금 머금었다. 그러나 이내 화들짝 놀라며 입 안의 것을 고스란히 뱉어냈다.

"아뜨뜨뜨……! 야, 넌 뜨거운 줄 알면서 말리지도 않고 뭐야?"

"뜨거운 거 잘 마시나보다 했지 뭐. 안 그래, 학림아?"

꾸벅 졸고 있던 학림이 퍼뜩 놀라 눈을 부릅뜨고 주위를 둘러봤다. 눈꺼풀에 잔뜩 힘이 들어가 없던 쌍꺼풀까지 짙게 그어져 있었다.

"내가 뭘?"

학림의 엉뚱한 소동에 시험공부에 찌들어 있던 멤버들은 간만에 웃음을 지었다. 하지만 그 웃음은 오래가지 않았다. 필동이 풀이 죽은 목소리로 얘기를 꺼냈다.

"선배님들, 확실한 방법 좀 없어요? 죽겠어요 정말."

금강이 필동의 말을 이어 받았다.

"맞아요. 뭔가 노하우가 있지 않아요? 대학생이 돼서도 수험생처럼 이게 뭐예요."

필동과 금강이 애처로워 보이는 눈빛으로 상록과 정도를 쳐다봤다.

"방법? 노하우라니? 무슨 말이야?"

정도가 의아해하며 되묻자 금강이 답답하다는 듯 발을 동동 구르더니 목소리를 낮춰 말했다.

"컨닝 말이에요, 컨닝. 아니면 족보라도……."

금강의 말을 들은 정도는 눈을 동그랗게 뜨며 놀랐다.

"얘들아, 내 이름이 뭔지 몰라? 정도야, 정도. 바를 정正에 길 도道. 바른 길이란 뜻이야. 그런데 나한테 그런 편법을 물어?"

"그럼 이 앞에 있는 팔정도八正道랑 똑같네요."

금강 딴에는 정색하는 선배 앞에서 웃자고 던진 말이었지만 정도는 훨씬 더 진지해져 버렸다.

"그렇지. 우리 학교 중앙에 자리한 부처님을 둘러싸고 있는 여덟 개의 길은 불교의 팔정도, 즉 깨달음을 얻기 위한 여덟 가지 수행 방법을 상징하는 거야. 정견正見, 정사유正思惟, 정어正語, 정업正業, 정명正命, 정정진正精進, 정념正念이 바로 팔정돈데, 그러니까 말이야……."

"잠깐! 잠깐만요!"

필동이 뜨거운 커피를 마셨을 때보다 훨씬 더 괴롭다는 표정을 지으며 정도의 말을 끊었다.

"제발 한자는 이제 그만! 안 그래도 한자 때문에 머리가 터질 지경이란 말이에요!"

그러자 금강이 필동을 향해 한심하다는 듯 말했다.

"야, 무식한 게 자랑이야? 팔정도 정도는 외워 놔야 해. 그죠 선배? 불교와 인간 시험에 자주 나오는 거 맞죠?"

정도는 금강의 말을 가만히 듣고 있다가 조곤조곤 되받았다.

"팔정도는 외워 놔야 할 게 아니라 받아들이고 실천해야 되는 거야. 달달 외운다고 해서 아는 건 아니잖아? 시험에 자주 나오니까 외워야 한다는 말도 틀렸고."

정도의 예리한 지적에 금강과 필동은 아무도 함부로 말문을 열지 못했다. 정도는 새내기들 앞에서 너무 선배인 척한 게 멋쩍어 말을 돌렸다.

"근데 명진이는 어디 갔냐? 아까 있었던 거 같은데."

"명진 선배가 있었어요?"

멍한 눈을 하고선 애꿎은 종이컵만 잘근잘근 깨물던 필동이 귀를 쫑긋 세우며 정도에게 되물었다. 정도가 휴게실 바깥을 내다보며 말했다.

"아까 상록이랑 같이 있는 거 본 것 같은데……."

"저녁 먹을 때 다 돼서는 일 있다고 가 버리던데요. 그 언닌 만날 뭐가 그렇게 바쁜지 몰라."

금강이 입술을 샐쭉거리며 말했다.

"그럼 상록 선배랑?"

금강의 말에 불현듯 불길한 예감이 든 필동은 저도 모르게 말을 뱉어 버렸다. 명진 선배를 좋아하는 사람이 한둘이 아닐 텐데도 이상하게 상록 선배만큼은 인정하기 싫었다. 그건 어쩌면 수많은 경쟁자들 가운데 상록이 제일 버거운 상대이기 때문일 수도 있었다. 필동은 쥐고 있던 빈 종이컵을 와르륵 구겼다.

"내가 뭘?"

어디선가 귀에 익은 목소리가 들렸다. 이마에는 '열공'이라고 적힌 흰 띠를 두르고, 손에는 두꺼운 전공 서적을 든 상록이 어둡게 지친 얼굴을 하고는 터덜터덜 걸어오고 있었다.

"아, 형 오셨어요? 형도 시험공부 때문에 고생이 많으시죠?"

상록의 등장에 왠지 모를 안도감을 느낀 필동은 얼렁뚱땅 웃으며 말을 얼버무렸다.

"근데 명진 선배 못 보셨어요? 아까 형이랑 같이 있었다면서요?"

필동은 정도가 말한 게 생각나 상록에게 물었다. 상록은 의아하다는 듯 눈을 꿈뻑거리며 말했다.

"응? 아닌데? 나 오늘 점심도 안 먹고 도서관에 처박혀 있다가 이제 잠깐 나온 거야."

필동은 정도를 보며 무슨 소리냐고 눈으로 물었다. 정도는 고개를 갸웃거렸다.

"그러고보니 상록이가 아니었네? 체구가 비슷한 다른 사람이었나 봐."

정도의 한마디에 상록과 필동의 얼굴에 짙은 그늘이 드리워졌.

'뭐야? 새로운 경쟁자가 생긴 거야?'

둘의 머릿속에서는 똑같은 걱정거리가 새록새록 싹을 틔웠다.

5자회 멤버들은 다시 시험 준비를 위해 흩어졌다. 필동도 맨 마지막으로 휴게실에서 나와서 자리로 돌아갔다. 그리고 흐트러졌던 마음을 가다듬고 '열공' 모드로 전환하기 위해 책에 정신을 집중했다. 그러나 한 번 어지러워진 마음이 제자리를 잡는 데는 시간이 걸렸다. 책의 활자들은 제멋대로 떠다니기만 하고 필동의 머릿속에서는 명진을 두고 상록과 필동 자신이 보이지 않는 경쟁을 하고 있다는 사실이 자꾸 떠올랐다. 비단 둘뿐일까. 명진 선배가 좋아하는 동국 선배는 5자회에서 부동의 1인자인데다 연극영화과에는 잘생긴 남자들이 득실거릴 테지. 어디선가 키득거리는 소리가 필동의 귀를 파고들었다. 필동은 자신을 비웃는 듯한 소리에 발끈하며 주위를 둘러봤다. 도서관 열람실 곳곳에

5자회, 연극 구경을 가다 99

는 서로 찰싹 달라붙어 공부를 하는 건지 연애질을 하는 건지 분명치 않은 커플들이 있었다. 필동은 대각선으로 마주 앉은 닭살 커플을 곁눈질하며, 명진 선배와 나란히 앉아 시험공부하는 자신의 모습을 상상해 봤다. 망상에 가까운 상상이나마 꽤히 즐거워지는 건 어쩔 수 없었다. 그때 필동의 눈에 저 멀리 게시판에 붙어 있는 포스터 한 장이 들어왔다. 포스터는 덕지덕지 붙은 광고물들 사이에 붙어 이상하리만치 호기심을 불러일으키고 있었다. 필동은 알 수 없는 힘에 이끌리듯 자리에서 일어나 게시판으로 다가갔다. 연극과 학생들의 실습 공연을 알리는 포스터였다.

'잠깐, 그럼 혹시 명진 선배도?'

여기에 생각이 미친 필동은 포스터의 내용을 샅샅이 살피기 시작했다. 제목은 〈갈매기〉. 공연은 바로 다음 주였다. 그리고 출연진 명단에서 '한명진'이란 이름을 발견하고야 말았다. '이건 운명이다!' 필동은 두근거리는 마음을 애써 진정시키며 휴대폰 메모장에 공연 정보를 입력하고 저장 버튼을 꾹 눌렀다.

끝이 없을 것 같았던 시험의 긴 터널도 거의 마무리되고 있었다. 지난 2주 동안 뒤적인 책이 몇 권이며 둘러본 인터넷 사이트가 몇 군데던가. 비록 시험 때문이라지만 필동에겐 공부다운 공부를 해본 게 얼마만인가 싶을 만큼 오랜만의 경험이었다. 그것을 통해 깨달은 건 딱 하나, 대학 공부는 하면 할수록 어렵다는 것이었다. 정확히 말하긴 힘들지만 중·고등학생 때의 공부와는 차원이 달랐다. 수험생으로서의 공부가 아닌 진짜 대학생의 '학문'은 하나를 알려면 열을 더 공부해야 했다. 그건 마치 수렁이나 미궁 속을 헤매는 것과도 같았다. 처음에는 시험이니 공부니 하니까 대뜸 반감부터 들었는데, 진리의 수렁과 미궁 속을 허우적대다 보니 조금 재밌기도 했다. 그리고 어쩌면 동국 선배처럼 대학원에 진학해 계속 공부해 보는 것도 좋겠다는 마음이 생겼다. 비록 군대를 다녀오고 졸업한 뒤의 일이라 아득히 먼 얘기긴 해도 필동 자신의 미래상에 '학자'를 추가해 놓았다.

문화관에 위치한 '이해랑 예술극장' 앞은 공연을 보러 온 사람들로 북적였다. 저녁 시간이 되면서 남산에서 선선한 바람이 불어 내려왔다. 한낮 초여름 더위에 지쳤던 사람들의 표정에도 한결 여유가 묻어나고 있었다. 필동은 일찌감치 극장 앞 벤치에 자리를 잡고 앉아 노트를 뒤적이고 있었다. 노트에는 명진 선배가 출연하는 연극 〈갈매기〉에 대한 정보와 작가, 연출가에 대한 정보들이 빼곡히 적혀 있었다.

명진 선배의 첫 공연을 독점할 생각이라면 아무도 모르게 혼자 공연장을 찾아왔어야 했겠지만 ― 공연이 끝나면 무대 위로 뛰어 올라가 명진 선배에게 꽃다발을 안기는 영화 같은 상상도 해 봤다 ― 여태껏 연극이니 공연 같은 걸 혼자서 본 적이 없었기에 표를 끊는 것부터가 쉽지 않았다. 필동의 고질적인 소심증이 도진 것이다. 고심 끝에 필동은 5자회의 멤버 중 하나를 끌어들이기로 결심했다. 가장 만만한 사람은 동기인 학림뿐이었다.

"야, 난 아직 시험 다 안 끝났거든!"

전화기 속의 학림은 시큰둥하게 대답했다.

'기회만 나면 아는 체하려고 안달난 놈이 무슨 시험공부냐!'라는 말이 목구멍까지 치밀어 올라왔지만 필동은 학림을 살살 구슬렸다.

"너 평소 실력이면 충분할 텐데 무슨 공부를 또 한다고 그래. 나처럼 무식한 놈이나 벼락치기로 시험준비하는 거야. 넌 선배들 이상으로 박학다식하잖아. 그러지 말고 나 좀 도와주라. 내가 알바비 타면 거하게 한턱 쏠게."

필동은 제 입으로 말하면서도 헛구역질이 날 만큼 굴욕적인 아부라고 생각했다. 그러나 효과는 금방 나타났다.

"그래, 뭐 정 그렇다면 시간을 내보지. 한턱 쏜다는 거 빈말이면 가만 안 둔다?"

그렇게 학림을 불러내는 데는 성공했지만 필동이 걱정스러운 것은 또 있었다. 학림의 몇 안되는 재주 중 하나가 바로 특유의 박식함을 무기로 아무 대화에나 끼어들어서 주도권을 빼앗아가는 것이었기 때문이다. 공연이 끝나면 명진 선배에게 꽃다발은 못 돼도 음료수라도 건네며 연극에 대해 이러저러한 이야기꽃을 피워야 할 텐데 학림이 끼어들어 대화를 주도해 간다면 닭 쫓던 개가 지붕 쳐다보는 식의 슬픈 로맨스가 되고 말 것이었다. 상상만 해도 끔찍한 일이었다. 필동은 다시 노트에 코를 처박고 '예습'에 매진했다.

"시험 끝났다더니 아직 남은 거야?"

새침한 목소리에 고개를 돌려보니 어느 틈에 다가온 금강이 등 뒤에서 호기심 어린 눈으로 노트를 들여다보고 있었다.

"뭐야, 그건?"

화들짝 놀란 필동이 노트를 덮으며 둘러댔다.

"별거 아냐. 방학하면 시작할 만한 알바 목록 정리한 거야."

"야, 누가 알바 귀신 아니랄까 봐…… 너 진짜 대단하다. 나도 좀 알려주라. 응? 편하면서 페이 많은 걸로."

"그런 게 어디 있냐? 힘들면 시급이 많고, 편하면 그만큼 적은 거지. 다 일한 만큼 버는 거야."

"아무튼 좀 보여줘 봐! 나도 할 만한 게 있나 보게."

금강이 노트를 향해 냅다 손을 뻗쳐왔다. 필동은 몸을 돌려 필사적으로 노트를 숨겼다. 둘의 모습은 마치 여자친구를 놀리는 남자와 남자친구 앞에서 떼쓰는 여자의 커플처럼 알콩달콩해 보였다. 그러나 필동은 집요하게 덤벼드는 금강의 손을 뿌리치며 외쳤다.

"야, 정금강! 이건 영업기밀이란 말이야. 동기끼리 밥줄 끊진 말자 응?"

금강은 아르바이트와는 거리가 먼 부류였다. 안 벌고 안 쓰고 말지 필동처럼 시간을 쪼개가며 꼬박꼬박 자기관리까지 해 나갈 자신이 없었다. 그런 금강이 필동의 노트를 보려는 것은 단순히 자기에게 뭔가를 감추려고 하는 게 아니꼬워서였다.

"정말 치사하다 너. 그래 너 혼자 잘 먹고 잘 살아라."

금강은 필동에게서 멀찌감치 떨어져 등을 지고 앉았다. 필동은 멋쩍기도 하고 동기끼리 괜히 의리 상할 건 없다 싶어 슬쩍 다가가 말을 걸어 봤다.

"근데 네가 여긴 웬일이냐?"

"웬일은 뭐가 웬일이야, 연극 보러 왔지. 학림이한테 전화해서 너랑 다 같이 보자고 하니까 벌써 약속이 돼 있더라? 너넨 대체 왜 그래? 동기가 몇이나 된다고 날 따돌리냐고! 다들 너무해 정말."

"아…… 그런 게 아니라…… 아무튼 미안. 너 연극 좋아하는지 몰랐어."

"연극을 좋아하는 게 아니라 명진 선배 공연이니까 보려는 거지."

"오호, 네가 언제부터 그렇게 기특한 후배였냐?"

"뭐, 데뷔 무대부터 주연은 아닐 테고, 주위 사람들 아무한테도 알리지 않은 걸 보니까 더 궁금해지더라고. 대체 어떤 역으로 나오려나? 설마 갈매기 역할은 아니겠지? 호호호! 끼룩끼룩! 호호호!"

말투에서 대놓고 비아냥거리는 투가 묻어났다. 필동으로선 금강이 왜 명진 선배를 저토록 견제하는지 알 길이 없었다.

"그리고 공연 때는 연예인들도 온다던데, 연예인들을 볼 수 있을지도 모르잖아?"

"연예인?"

"몰라? 우리 학교 다니는 연예인이 얼마나 많은데?"

평소 연예계에 별로 관심이 없었던 필동은 미처 거기까지 조사를 못한 게 마음에 걸렸다. 그는 학림이 아는 체하는 걸 참고 들어주느니 차라리 금강이에게 미리 들어 두는 게 낫겠다고 생각하며 물었다.

"연예인이라면…… 누가 있는데?"

금강은 질문 받는 걸 좋아했다. 그것이 스스로 자신하는 분야에 관한 것이라면 더욱 즐거워졌다.

"소녀시대 윤아하고 원더걸스 선예는 알지?"

필동은 고개를 가로저었다.

"얘가 정말 아무것도 모르네. 우리 학교 출신 연예인이 얼마나 많은데. 전지현, 에릭, 박신양, 홍진경, 김혜수, 조여정, 한채영, 최정원, 이지훈, 강타, 빈, 소유진, 유준상, 김소연, 채정안, 김주혁, 류시원, 토니안, 이정재, 정다영, 브라이언, 안연홍, 김민희, 신민아……."

금강은 숨을 몰아쉬며 연예인들 이름을 좔좔 쏟아냈다. 필동은 입이 딱 벌어졌다. 그렇게 많은 연예인이 동문이란 것도 놀랍거니와 그걸 다 외운다는 게 신기했다.

"우와, 넌 언제 그런 걸 다……?"

"이 정도야 기본이지. 나도 한때는 길거리 캐스팅 돼서 연예인 될 뻔했던 사람인데. 우리 아빠가 무조건 반대만 해서 포기했지만."

필동은 금강의 마지막 한마디가 약간 의심스러웠지만 굳이 꼬투리 잡고 싶진 않았다. 그래봐야 싸우자고 덤빌 게 뻔하기 때문이었다. 멀리서 학림이 숨을 몰아쉬며 달려왔다.

"얘들아, 나 윤아 봤다, 윤아! 소녀시대 윤아 말야!"

"악! 정말? 어디, 어디!"

금강이 비명을 지르며 학림을 추궁했다.

"차로 들어가 버렸어. 야, 얼굴 진짜 주먹만하고, 완전 인형처럼 생겼더라!"

"아, 나도 보고 싶었는데! 사진은 찍었어?"

필동은 평소답지 않게 흥분한 학림을 보면서 슬며시 웃음이 나왔다.

평소에는 아는 척하고 점잖만 빼더니 이런 구석이 있었구나 싶었기 때문이다.

"아, 저기 윤아다!"

필동의 외침에 학림과 금강은 사방을 두리번거리며 호들갑을 떨었다.

"잘못 봤나 봐, 미안."

"뭐냐 너? 썰렁하잖아."

학림이 제대로 화난 얼굴로 말했다. 그러나 필동은 학림의 약점을 잡은 것 같아 슬며시 웃음이 비어져 나왔다.

"자, 이제 들어가자. 시간 다 됐어."

아쉽고 허탈한 표정을 짓는 학림과 금강을 뒤로 하고 필동은 성큼성큼 '이해랑 예술극장'으로 들어섰다. 최근에 리모델링한 극장은 깔끔하고 세련된 느낌을 주었다. 연극 관람이 처음이라 긴장했던 마음도 동기들과 함께 있다는 생각 때문인지 이내 편안해졌다.

"근데 이해랑이 뭐야?"

금강이 천진난만하게 물었다. 필동은 어렵게 공부해온 지식을 써먹을 때가 왔다는 생각에 냉큼 입을 열었다.

"이해랑은 사람 이름이야. 1941년……"

순간 필동은 아차 싶어 말을 흐렸다. 너무 자세한 연도까지 말하는 것은 외운 티가 너무 나는 것 같았기 때문이다.

"……인가 아무튼 일제 식민지 시대에 일본에서 연극 공부하고, 우리 학교 교수로 계셨던 분이지."

"오, 공부 좀 했나 본데?"

금강이 '공부'라고 하는 바람에 필동은 마음이 뜨끔해져 입을 다물었다.

"맞아, 이해랑 연극상도 권위 있는 상이지."

역시나 또 학림이 나서서 아는 체를 한다.

"아, 저기!"

마침 금강이 손으로 가리킨 곳은 극장 한쪽에 마련된 이해랑 선생의 업적을 기린 기념관이었다. 아직 공연 시작까지는 시간의 여유가 남아 있었기에 필동과 학림, 금강은 기념관을 한 번 둘러보기로 했다. 갈색과 흰색이 조화를 이룬 심플한 인테리어의 기념관에는 이해랑 선생의 생애와 업적 그리고 작품 세계에 대한 상세한 자료들이 전시되어 있었다. 필동은 자신의 사전조사가 헛되었다는 생각에 조금 억울한 생각도 들었다. 그 사이에도 학림은 아는 체를 하느라 바빴다.

"우리나라 연극은 일본 신연극의 영향을 많이 받았어. 그 주체가 주로 일본 유학생들이었지."

대체 이놈은 평소에 무슨 공부를 하기에 이렇게 박식한 것일까? 필동은 혼자 생각했다. 약간 아니꼬운 놈이긴 하지만 놀라운 것도 사실이었다. 그래, 명진 선배가 없을 때 실컷 자랑해 둬라. 이따가는 내 실력을 보여 주마. 필동은 내심 벼르고 또 별렀다. 그때, 필동의 눈에 익숙한 뒷모습이 멀리서 스쳐 지나갔다.

'설마, 동국 선배?'

그럴 리가 없다. 동국 선배는 대학원 발표 준비로 방학 때까지 시간이 전혀 없다고 했기 때문이었다. 필동은 눈으로 익숙한 뒷모습을 좇다가 놓쳐 버렸다. 설마, 아니겠지. 하지만 곧 생각이 바뀌었다. 어쩐지 그 동글동글한 외모가 흔치는 않을 것 같은 기분이 들었기 때문이다. 필동은 불길한 예감에 휩싸였다.

"어머, 벌써 십 분 전이야. 들어가자."

금강의 재촉에 필동은 애써 불길한 예감을 부정하며 극장 안으로 들어갔다.

연극은 정시에 시작되었다. 많은 사람들의 잡담으로 북적였던 객석은 무대가 어두워지자 이내 침묵 속에 잠겼다. 곧 막이 오르고 배우들의 연기가 펼쳐졌다. 두근거리는 마음으로 시작을 기다렸던 필동은 어느새 정신없이 무대 위 배우들에게 동화되어 가고 있었다.

'우우웅, 우우웅, 우우웅……'

어디선가 휴대폰의 진동 소리가 정적을 깼다. 하지만 필동은 소리가 나는 줄도 모르고 넋을 놓고 무대만 보고 있었다. 옆 좌석에 앉은 금강이 참다못해 팔꿈치로 필동을 쳤다. 그제야 정신이 든 필동은 이 커다란 굉음의 진동 소리가 자신의 것이란 사실을 알고 급히 휴대폰의 전원을 껐다. 평소에는 휴대폰 진동소리가 이렇게 큰 줄 몰랐던 필동은 얼굴이 화끈 달아오르는 것을 느꼈다. 아마 객석이 어둡지 않았더라면 새빨갛게 달아오른 얼굴을 들키고 말았으리라. 사소한 듯하지만 공연에 치명적인 소동은 그렇게 진화됐다.

시간이 어떻게 흘렀는지 모르게 1막 공연이 끝나고 휴식 시간이 되었다. 사람들은 우르르 극장을 빠져나와 담배를 피우거나 커피를 마셨다. 필동은 극장을 빠져나온 순간부터 금강의 잔소리를 듣고 있는 중이었다.

"아우, 쪽팔려, 정말. 공연장에서는 진동도 안된다고 시작 전에 안내해 줬잖아."

"미안해. 진동 소리가 그렇게 큰 줄 몰랐어."

필동은 눈치를 보며 전화기를 켰다. 뭔가 중요한 전화는 아니었나 싶어 수신목록을 열었는데 060 어쩌구 하는 스팸전화였다. 쥐구멍이라도 찾아 숨고 싶을 정도로 창피했지만 문제는 그뿐만이 아니었다. 어쩐지 전체적인 상황이 자꾸 자신의 계획과는 엉뚱한 방향으로만 흘러가고 있었다.

"매너 없는 사람이 누군가 했더니 필동이었구나."

결국 필동의 불길한 예감은 적중했다. 목소리의 주인공은 다름 아닌 동국 선배였던 것이다.

"어머, 선배님! 선배님도 공연 보러 오셨어요?"

금강이 필동을 나무라던 투와는 전혀 다르게 발랄한 말투로 동국에게 인사했다. 동그란 얼굴의 동국 선배는 동그란 안경을 추켜올리며 동그랗게 웃었다. 그러나 필동은 얼굴이 돌덩이처럼 굳어 억지웃음을 지어야 했다.

"선배님, 바쁘시다고 들었는데……."

"바쁘지. 내일도 아침부터 세미나가 있는데 명진이 얘가 안 오면 죽이겠다고 하잖아. 하하하."

필동은 동국의 말을 듣자마자 누군가 자신의 심장을 쥐어짜는 듯

한 고통을 느끼며 생각했다.

'명진 선배가 동국이 형한테만 알렸구나…….'

곧이어 학림이 또다시 잘난 체를 시작했다. 희곡 〈갈매기〉를 쓴 러시아의 극작가 체홉의 작품 세계에 대해 동국에게 질문 세례를 퍼붓는 것이었다. 학림은 필동과는 다른 방향에서 동국을 뛰어넘고 싶어 하는 것 같았다.

"와하하, 짜식. 공부 좀 했구나. 그건 말이야……."

동국이 반색을 하며 학림의 질문을 받았다. 필동은 자신이 공부해 온 얘기가 나오자 대화에 끼어들고 싶은 마음이 굴뚝 같았으나 별로 흥이 나지 않았다.

"근데 명진 선배는 무슨 역할이에요? 난 못 찾겠던데. 너희들은 봤어? 갈매기 역은 아닌 거 같고."

금강의 의문을 필동과 학림도 공감하고 있었다. 1막 내내 명진 선배의 모습은 눈을 씻고 찾아봐도 볼 수 없었기 때문이다. 동국은 체홉의 일대기와 〈갈매기〉의 상징성에 대해 설파하고 있는 중이었다. 학림은 그렇게 자신 있어 하더니 이내 땀을 삐질삐질 흘리며 알아듣기만이라도 했으면 좋겠다는 표정을 짓고 있었다. 동국이 속사포처럼 '강의'를 하던 중 잠시 숨을 돌리는 사이 학림이 화제를 돌렸다.

"혹시 명진 선배가 뭘로 출연하는지 들으신 거 없어요? 형한테 그렇게까지 오라고 한 걸 보면……."

"어? 공연 시작하려나보다. 이따 마치면 누가 배우들 사인 좀 받아다 줄래? 예쁜 여배우들 걸로만."

동국은 학림의 말은 들은 둥 만 둥하고 큰 엉덩이를 뒤뚱거리며 저만치 먼저 들어가 버렸다. 금강이 귓속말을 하듯 필동과 학림에게 말했다.

"뭔가 냄새가 나지 않아? 아마 명진 언니, 동국이 오빠한테는 초대권을 줬을지도 몰라. 지금까지 상황만 보면 딱 답이 나와. 명진 언니는 단역이고 초대권은 아주 조금만 배정 받았을 거야. 그래서 우리 5자회한테 다 돌릴 수 없으니까 알리지 않은 거고. 그러고 보면 동국이 오빠도 되게 앙큼하다……."

필동은 그럴싸한 금강의 추리에 다시 심장이 꼭 쥐어짜지는 것 같았다.

2막 공연이 시작됐지만 필동은 연극에 집중할 수 없었다. 가장 강력한 적수 동국 선배가 버티고 있는 이상 공연이 끝나봐야 필동은 찬밥 신세일 게 뻔했다. 지금껏 가장 신경썼던 경쟁상대는 상록 선배였지만 영 헛다리를 짚고 있었던 거나 마찬가지였다. 음흉한 동국 선배에 비하면 상록 선배는 천사였다. 필동은 더 이상 무대에서 진행되고 있는 연극 따위에 집중할 수가 없었다.

어느새 연극이 끝나고 모든 배우들이 무대에 나와 인사를 하고 있었다. 연극에 몰입해 있던 금강과 학림은 자리에서 일어나 열렬한 박수를 보냈다. 필동 역시 분위기에 휩쓸려 엉거주춤 일어나 박수를 쳐댔다.

금강은 눈을 부릅뜨고 배우들의 얼굴을 살폈다. 2막에서도 명진 선배를 찾지 못했기 때문이다. 하지만 그녀의 눈에는 아무리 찾아봐도 명진 선배의 얼굴이 보이지 않았다. 그동안 뭇 남자들의 관심을 한 몸에 받아 온 명진 선배에게 통쾌한 웃음을 날릴 수 있는 기회를 놓칠 수 없는 금강이었다. 그녀는 커튼콜이 끝나고 배우들이 모두 퇴장할 때까지 배우들의 얼굴을 샅샅이 훑어보았다. 그것도 부족했던 금강은 극장을 빠져나오는 순간까지 미련을 버리지 못하고 무대 곳곳을 살폈다.

"결국 명진 선배는 못 찾았어요."
금강이 볼멘소리를 냈다. 동국은 말없이 예의 묘한 웃음을 지을 뿐이었다. 필동과 학림 역시 명진 선배를 찾지 못해 어리둥절하고 있었다. 그들은 공연이 끝난 극장 앞에서 명진이 나오기를 기다리고 있었다.
"갈매기 역은 아니었지?"
"몰라요. 가르쳐 주지도 않고."
동국의 농담 섞인 질문에 금강은 어느새 어리광을 부리고 있었다.
"미안하지만 절대 함구하라는 특명을 받았거든."
금강은 답답하다는 듯 푸념어린 투정을 놓았다.
"에이, 이게 뭐야. 연예인 얼굴도 못보고."
"난 봤지. 선배님, 윤아 봤어요, 아까."
학림의 자랑 아닌 자랑에 동국은 놀라 콧구멍까지 벌름거리며 물었다.
"윤아? 소녀시대! 어디에서? 어디에서 봤어?"
동국은 금방이라도 학림을 붙들고 흔들 태세였다. 그런 동국을 금강이 점잖게 핀잔줬다.
"선배님은 삼촌뻘인데 너무 좋아하신다."

"좋으면 좋은 거지. 나이가 무슨 상관이람?"

필동이 갑자기 끼어들어 동국을 편들자 사람들이 의아하다는 듯 필동을 바라봤다.

"아, 그러니까, 제 말은 나이는 숫자일 뿐이다. 뭐, 이런 거죠. 하하하. 근데 형 때는 누가 인기가 제일 좋았나요?"

필동이 동국에게 물으며 재빨리 화제를 바꾸었다.

"전지현이 최고였지. 딱 한 번 수업 시간에 봤는데, 그냥 막 입고 나온 것 같은데도 후광을 달고 다니더라니까. 내가 이런 얘길 선배들한테 하면 선배들은 채시라하고 고현정도 만만치 않았대."

"아, 고현정하고 채시라도 우리 학교 출신이에요?"

"고현정, 채시라뿐인가. 최민식, 한석규, 이덕화, 강석우…… 말로 열거하자면 끝도 없지."

"이야, 정말요? 진짜 완전 스타들이잖아요. 어렸을 때부터 티비에만 나오는 사람인 줄 알았는데, 우리 학교 출신이었다니. 어쩐지 나도 연예인이 된 것 같은데요?"

필동이 감격하는 동안 학림과 금강도 귀를 쫑긋 세우고 동국의 말에 귀를 기울이고 있었다. 동국은 후배들의 시선을 하나하나 마주하며 말을 이었다.

"너희들이야 연예인들한테만 관심이 많겠지만, 유명한 영화나 연극, 티비 드라마들을 만든 스태프 이름도 잘 살펴보면 깜짝 놀랄걸. 곳곳에 우리 학교 출신들이 숨어 있거든. 예를 들면……."

동국은 거기서 입을 닫았다. 후배들의 순진한 눈빛에 휘말려 페이스를 잃어 버린 것이었다. 처음의 계획대로라면 방금의 설명은 상록이나 정도에게 맡겼어야 옳았다.

"뭐가 있는데요?"

금강은 누가 말을 하다가 뜸을 들이면 참지 못하는 성미였다. 금강이 눈을 빛내며 대답을 기다렸지만 돌아온 건 엉뚱한 소리뿐이었다.

"맨입으로 되나? 금강이는 내일 점심, 학림이는 내일 저녁, 필동이는 모레 점심 사라. 차례차례 얘기해주지. 며칠 밥값은 굳었구나."

동국이 킬킬거리며 좋아하자 돈 얘기에 민감한 필동이 삐죽거리며 말했다.

"에이, 선배님이 밥을 사셔야죠. 어떻게 저희들한테 얻어먹을 생각을 하세요."

"맞아요. 그냥 인터넷으로 찾아보는 게 낫겠네요."

학림도 선배 타박에 동참했다.

"아, 싫으면 말고. 인터넷에 있는 정보랑 내가 가진 정보는 비교도 안될 텐데, 요즘 애들은 인터넷을 너무 맹신한단 말이야. 이렇게 얘기했다고 또 쪼르르 달려와서 밥을 사겠다면…… 말리진 않을게. 근데 너네가 한 번 거절했으니 단가는 올라갈 거야, 각오하고 와."

"어휴, 선배님, 어디까지가 농담인지 구분이 안되거든요."

금강의 투정에 동국은 사람 좋게 웃으며 말했다.

"하하하, 그건 나도 구분 못하는 거야. 근데 필동아."

"네?"

느닷없는 호명에 필동이 깜짝 놀랐다.

"너 혹시 이 극장이 왜 이해랑극장인지 모르냐?"

"연극학부 창설 50주년 기념으로 '이해랑연극재단'과 함께 만든 거죠!"

모두들 필동의 얼굴을 바라보았다. 동국이 필동에게 갑자기 어려운 질문을 던진 이유도 의아했고 그걸 필동이 곧장 받아넘긴 것도 신기했다. 동국은 그들을 보며 빙긋이 웃었다. 동국은 이미 필동이 일찍 와서 뭔가를 열심히 공부하는 걸 봤다. 그게 무엇인지는 불을 보듯 뻔했다. 동국이 지금껏 보아 온 필동은 조금 어설픈 구석이 있긴 했지만 언제나 열정이 넘쳤고 순진하리만치 성실했다. 그런 새내기가 극장 앞에서 무엇을 파고들고 있었다면 뻔한 내용일 터였다. 작년 언제였던가, 모두 함께 대학로로 관극을 가기로 했을 때 상록도 필동처럼 몰래 공부하다가 동국에게 들킨 적이 있었다. 상록의 열정과 성실함은 지금의 필동 못지 않았고 보나마나 명진에게 잘 보이고 싶어서 그런 것이었다. 동국은 그때 상록에게 공부하는 게 뭐가 부끄럽다고 노트를 감추느냐고 훈계했다.

필동은 동국의 눈빛에서 다 알고 있다는 걸 느낄 수 있었다. 그리고 될 대로 되라는 심정으로 공부한 것들을 쏟아냈다.

"이해랑 선생은 니혼日本대학 예술과에서 공부하고 1941년 귀국해서 현대극장 창립동인으로 활동했죠. 1945년 극단 '전선全線'을 창립했고 1946년 극예술원 창립동인이 되어 본격적으로 연극 활동을 하다가 1950년 국립극장 개관과 함께 전속극단 대표가 됐고요. 국립극장장, 드라마센터 극장장, 예총 회장 등을 거쳐서 1961년부터 1981년까지 우리 학교 교수로 재직하셨어요."
　속사포 같은 필동의 말이 끝나자 동국을 비롯한 모든 사람들은 놀라움을 감추지 못하고 멍하니 잠시간 침묵을 지켰다. 동국이 필동의 등짝을 팡, 치고는 다 들으라는 듯 큰소리로 떠들었다.
　"짜식, 대단한데? 우리 필동이가 이제 보니 완전히 연극 전문가였구나."
　동국이 일부러 소리를 크게 해서 말한 까닭은 막 극장을 빠져나오고 있는 명진을 봤기 때문이었다. 명진은 초대한 동국뿐만 아니라 후배들이 진을 치고 있는 것을 보고는 기겁했다.
　"너희들 어떻게 알고 왔어!"
　"선배, 우리를 따돌릴 수 있다고 생각했어요?"
　금강이 가늘게 눈을 뜨면서 맞받아쳤다.
　"어머, 얘는. 따돌리다니. 호호호."
　명진의 입은 웃고 있었지만 눈은 날카롭게 동국을 쨰려보고 있었다. 동국은 아니라며 손사래를 쳤다. 이때 어디선가 우렁찬 목소리가 들려왔다.
　"야! 너희들 시험공부 한다더니 여기서 뭐하는 거야?"
　상록과 정도였다. 필동이 놀라 맞받아쳤다.
　"선배들은 여기 어쩐 일이에요? 리포트 밀렸다면서요?"
　"그게, 그러니까……."
　서로들 변명을 생각해내려고 머뭇거리는 사이, 상록이 짐짓 엄한 말투로 다그쳤다.

"이놈들! 우리만 따돌렸다 이거지?"

"말은 똑바로 해야죠. 누가 누굴 따돌린 건데요?"

금강이 뾰로통한 표정으로 빈정거리자 상록은 바로 꼬리를 내려 버렸다.

"뭐 굳이 따지자면 명진 언니 때문 아닌가요? 괜한 비밀을 만들어서 동아리 내부에 불화를 조장했잖아요. 안 그래요, 동국 선배님?"

금강은 짐짓 순진한 체하며 동국의 동의를 구했다. 모두의 시선이 명진에게로 향했다. 명진은 약간 곤란해 하면서 입을 열었다.

"난 그냥, 일부러 그런 건 아니고, 사실은, 너무 창피해서…… 미안해, 애들아."

명진이 얼굴을 붉히며 양손에 얼굴을 파묻자 상록이 나섰다.

"자, 자, 그래, 여기까지! 어쨌든 좋은 공연도 봤고, 사과도 받았고 하니 지난 과거는 모두 잊어버립시다! 이건 회장으로서 명령입니다!"

"쳇, 잊으라고 해서 잊어지나?"

금강이 다시 구시렁거렸다. 한 발짝 물러서서 묘한 웃음을 띤 채 지켜만 보던 동국이 작게 입을 열었다.

"그럼 난 이만. 내일 아침 세미나 준비할 게 있어서!"

"오빠, 잠깐! 공연만 보고 그냥 가면 어떡해!"

언제 그랬냐는 듯 고개를 쳐든 명진이 슬쩍 빠져나가려던 동국을 불러 세웠다.

"한 번만 봐줘. 내일 아침 중요한 세미나가……."

동국이 슬금슬금 물러나며 하소연하듯 대답했다.

"선배! 오랜만에 5자회가 다 뭉쳤는데 뭐라도 먹고 가야죠!"

뭘 먹는다는 상록의 말에 동국의 걸음이 멈추고 혼잣말 같은 말이 들려왔다.

"아, 정말 안되는데……."

"자, 뭘 먹을까?"

상록이 모두에게 의견을 구하자 명진이 나섰다.

"내가 지은 죄도 있고 하니 족발 살게, 어때?"

"선배도 족발 먹어요?"

모두의 환호성 사이로 필동이 팔자눈썹을 하고 물어왔다.

"그럼, 얼마나 맛있는데! 족발에 쐬주 한잔 캬~! 좋죠? 동국 오빠!"

"정말요? 선배는 스파게티나 와인 이런 것만 먹을 줄 알았는데……."

그러나 필동의 말은 이내 허공에 흩어지고 말았다. 명진은 족발이란 소리에 저만치 앞장서 걸어가는 동국을 쫓아가 버렸기 때문이었다. 명진은 빠른 걸음으로 학교 중문을 빠져나가는 동국의 옆에 찰싹 달라붙었다. 동국은 덥다고 수선을 피워보지만 명진은 꿋꿋하게 동국의 곁에 달라붙었다. 그런 둘을 부러움 반, 질투 반의 시선으로 바라보고 있던 상록과 필동은 서로 눈이 마주치고 말았다.

"……"

"뭘 봐 인마. 빨리 가자, 또 왕따 될라."

상록은 장난스레 필동의 목에 팔을 두르고 옥죄었다. 필동이 켁켁거리며 질질 끌려가는 모습을 훨씬 뒤쪽에서 보고 있던 금강이 중얼거렸다.

"근데 명진 언니가 맡은 역이 대체 뭐였어?"

금강 옆에 서 있던 학림이 그 말을 들었지만 학림도 몰랐다. 그때 누군가 뒤에서 다가오며 말했다.

"남자 하인3."

정도의 목소리였다. 금강과 학림이 어떻게 알았냐는 듯 눈을 동그랗게 뜨고 바라보자 정도는 손에 들고 있던 공연 프로그램을 가볍게 흔들어 보였다.

"여기 명진이 사진 아래 적혀 있네."

학림은 정도에게서 프로그램을 건네받아 살펴보며 알겠다는 듯 고개를 끄덕거렸고, 금강은 안 보는 척 곁눈질을 하다가 입꼬리에 작은 미소를 물었다.

극장 앞에는 극장이 생기기 훨씬 오래 전부터 학교를 지키고 있는 아름드리 느티나무가 서 있었다. 모든 소란을 지켜본 느티나무는 방금 떠오른 보름달을 붙잡기라도 하겠다는 듯 가지를 높이, 그리고 넓게 뻗고 서 있었다. 정도는 느티나무 가지 사이로 동국의 얼굴이 슬쩍 스치는 걸 봤다. 금강과 학림은 여전히 프로그램을 뒤적이며 등장인물들과 배우의 실물을 재밌게 살펴보고 있었다.

"빨리 가자. 동국이 형이 족발 다 먹어 버리기 전에."

"아, 맞다."

5자회는 주로 후문 쪽으로 내려가 밥을 먹거나 술을 마셨기 때문에 학림과 금강은 장충동 명물인 족발을 제대로 먹어본 적이 없었다. 둘은 기대 반 설렘 반으로 호들갑을 떨었다. 정도는 둘을 물끄러미 바라보며 언젠가는 선배가 되어 있을 후배들을 상상해봤다.

'잘 기억해둬, 연극도, 느티나무도, 족발도…….' *

---

*홍석진 2001년 국립극장 신작 희곡 페스티벌 당선, 2008년 제9회 옥랑희곡상 수상

잃어버린 소를 찾아서

필동은 만해시비 앞 벤치에 앉아 팝콘 같은 꽃이 후드득 떨어지는 벚나무를 바라봤다. 중간고사를 치르느라 정신없이 허둥대던 사이에 봄은 벌써 뒤꼭지를 보이며 저만치 달아나고 있었다. 뭔가 마음이 공허해지는 기분이었다.

'정녕 이렇게 스무 살의 봄이 가고 마는 건가!'

필동은 앉은 채로 무릎에 팔꿈치를 괴고 주먹으로는 턱을 받쳤다. 로댕의 '생각하는 사람'을 흉내낸 것이었다. 그렇지만 누가 보더라도 그 모습은 좌변기에 앉아 끙끙대는 변비환자 같았다.

"야, 뭐하냐?"

금강과 학림이 멀리서 발견하고 부르면서 다가오는데도 필동은 축 처진 채로 대답이 없었다.

"쟤, 왜 저래?"

학림이 턱짓으로 필동을 가리키며 금강에게 말했다. 금강은 어깨만 들었다 놓으며 저도 모르겠다는 표현을 대신했다.

"야야야!"

학림이 뛰어가 필동의 어깨를 흔들었다.

"무슨 일 있냐?"

필동은 우멍한 눈을 들어 학림을 보더니 울 듯한 표정을 짓고 말했다. 금강은 며칠 새 10년은 늙어 버린 듯한 필동의 얼굴을 발견하고 깜짝 놀랐다. 아무래도 분위기가 수상했다.

"꽃이 다 졌다."

"왓?"

전혀 예상하지 못한 대답이라 금강은 저도 모르게 영어가 튀어나왔다.

"꽃이 다 지고 말았어."

"오 마이……! 이거, 이거 무슨 시츄에이션?"

금강은 필동의 입에서 저런 서정적인 말이 튀어나올 줄 몰랐다. 도무지 이해가 되지 않아 두 손을 들어올리고 어깨를 으쓱하며 학림을 돌아봤다. 그에 반해 필동의 마음을 간파한 학림은 천천히 고개를 끄덕였다. 필동 입장에서는 포항에서 혈혈단신으로 올라와서 처음 맞는 봄일 터였다.

"나 두 시간이나 공강인데 괜히 이런 데서 시간 죽이지 말고 남산 산책로 올라가서 벚꽃 구경이나 하자."

"정말?"

학림의 말이 떨어지기 무섭게 필동의 얼굴이 활짝 폈다.

"좋아! 고고고!"

필동은 투스텝을 밟으며 오르막길을 경쾌하게 올라갔다. 필동의 스텝과 더불어 필동의 손에 들려 있는 연등도 덩실덩실 춤을 추었다. 금강은 필동의 해괴한 걸음걸이와 손에 들린 쓰레기를 보곤 그만 뜨악해지고 말았다.

'필동이 쟨, 안 그래 보이는데 가끔씩 살짝 맛이 간 것 같단 말이야?'

아닌 게 아니라 정말 필동은 조울증 환자 같아 보였다. 금강은 창피해서 모르는 사이인 것처럼 걸음을 늦춰 거리를 벌렸다.

학교를 통해 남산으로 가기 위해서는 팔정도를 거쳐야 했다. 팔정도는 오늘부터 시작된 축제인 '목멱 대동제'가 한창이었다. 곳곳에 천막이 쳐 있었고, 갖가지 행사를 알리는 현수막도 여기저기 붙어 있었다. 캠퍼스는 축제에 대한 기대로 활기가 넘쳤다.

"필동아!"

필동의 과에서는 오늘 저녁에 열리는 '일일주점' 준비로 분주했다. 혜화관 앞쪽으로 내려가는 선배의 두 손에는 안주거리들이 잔뜩 들려 있었다. 그러나 벚꽃구경에 들뜬 필동은 그저 제 갈 길만 바빴다. 필동의 과 선배는 멀어져 가는 필동의 등 뒤에 대고 외쳤다.

"오늘 다섯 시 개점이다! 삼십 분 전에는 와라. 늦으면 안돼!"

필동과 학림과 금강 셋은 상록원 옆 샛길을 지나 남산 산책로에 도착했다.

"우리 노래하면서 걸을까?"

필동이 천진난만한 미소를 띠고 말했다. 샛길을 오른 때문인지 얼굴도 벌써 붉게 상기되어 있었다.

"뭐? 오, 노! 노노노노!"

금강의 필사적인 반대에도 불구하고 이미 흥에 취한 필동은 노래를 부르기 시작했다.

"하나면 하나지 둘이 되느냐, 둘이면 둘이지 셋이 되느냐, 넷이면 넷이지 다섯 아니야. 다섯이면 다섯이지 여섯 아니야. 랄라랄라랄라랄라 랄라랄라라 랄라랄라랄라랄라랄랄라"

후렴 부분에서 필동의 투스텝은 더욱 빨라졌다. 까딱하다가는 팔로 옆구리를 찍으며 춤까지 출 기세였다. 금강은 걷는 속도를 더욱 늦췄다. 필동은 다음 구절에 돌입했다. 학림은 자기도 모르는 사이 필동의 노래에 중독되어 후렴구를 속으로 따라했다.

노래의 힘인지 셋은 어느새 서울타워 앞에 도착해 있었다. 꽤 먼 길인데도 수월하게 올라온 건 그동안의 동악 생활로 알게 모르게 단련된 튼튼한 하체 탓이리라.

"야, 저기 좀 봐!"

필동이 손가락으로 밀레니엄 빌딩을 가리켰다.

"어머, 강북이 한눈에 펼쳐지네."

금강이 호들갑을 떨며 대답했다.

"저긴 동대문, 저긴 광화문! 어머, 충무로도 한눈에 다 보이네. 언빌

리버블! 우리집도 찾아볼까? 어디, 어디."

금강은 서울의 나머지 반쪽을 살피러 펄쩍펄쩍 뛰어갔다. 필동도 덩달아 금강을 따라 뛰었다.

"야, 그것 좀 그만 버리면 안돼?"

"왜?"

금강이 왜 짜증을 내는지 알 리 없는 필동은 눈을 동그랗게 뜨고 대꾸했다. 핀잔이 먹혀들지 않자 금강은 필동을 흘겨보며 혼잣말로 투덜거렸다.

"취향 진짜 이상하다니까."

필동은 연등에 푹 빠진 사람 같았다. 마치 영화 '캐스트 어웨이'에서 톰 행크스가 배구공을 친구로 삼은 걸 흉내내듯 필동도 연등에게 말을 걸었다.

두 시간 반 전, 만해 시비 앞에 무기력하게 앉아 있던 필동은 근처 수풀 속에서 무언가를 발견했다. 가까이 다가가 살펴보니 그것은 연등이었다. 누가 봐도 쓰레기였다. 그러나 필동은 이상한 기분에 이끌려 연등을 집어 들었다. 연등에 손을 대는 순간, 필동은 정신이 잠깐 아찔해지는 걸 느꼈다. 눈앞이 일렁거리더니 사물들이 바르르 떨다가 제자리를 찾았다. 필동은 뭔가 홀린 기분으로 연등을 봤다. 그러자 방금 있었던 이상한 현상이 까맣게 잊혀졌다.

'음, 쓸 만하겠어.'

필동은 연등을 흐뭇한 눈길로 바라보며 회심의 미소를 지었다.

"어? 비가 오려나?"

학림의 말이 끝나기가 무섭게 먹구름이 우르르 몰려들었고 순식간에 주위가 어둑어둑해졌다. 어느덧 공강 시간도 끝나가고 있었다.

갑자기 시작된 비는 그칠 기미가 보이지 않았다. 흐드러지게 피어 있는 벚꽃을 보겠다고 남산 산책길로 올라와서는 난데없이 비를 만나 모두들 심드렁해지고 말았다. 고스란히 비를 맞아야만 할 판이었는데 가까스로 정자처럼 꾸며 놓은 쉼터를 발견해 다행이라면 다행이었다. 금강이 젖은 머리를 털어내며 날카롭게 굴었다.

"너 그거 정말 안 버릴 거야?"

금강이 쏘아붙이자 필동은 연등을 뒤로 감추며 주춤주춤 물러섰다.

"우리 연등이한테 왜 그래, 오늘 우리학과 일일주막에 걸어놓을 거야. 잘 어울릴 것 같지 않아?"

"우리 연등이? 너 정말 어떻게 된 거 아니야? 그리고, 일일주점이 뭐 하는 건진 모르겠지만 그런 쓰레기까지 필요한 건 아닐 것 같은데?"

"금강아, 네가 외국에 살다 와서 우리의 깊은 정서를 잘 몰라서 그래. 여기 안에 등을 달면 얼마나 예쁜지 아냐? 한국의 색깔이랄까? 두고 봐, 너도 좋아할 거야."

금강은 혼자 생각에 사로잡혀 쓰레기를 주워 들고 다니는 필동이 딱했다. 중간고사 스트레스가 엄청 심했겠거니 하고 말리다가도 얼이 빠진 모습을 보고 있자면 또 짜증이 왈칵 솟았다. 자신을 마땅찮게 보는 금강의 마음을 아는지 모르는지 필동은 연등을 들고 다니며 마냥 희희낙락거렸다.

학림과 금강은 비가 그치기만을 기다릴 여유가 없었다. 학림은 곧 수업에 들어가야 했고 금강은 필동의 꼬락서니가 마음에 들지 않아 같이 있기가 싫었다. 마침 빗줄기도 한결 가늘어져 있었다.

"난 이만 갈래."

금강은 발딱 일어나더니 다른 친구들이 뭐라고 하기도 전에 학교 쪽을 향해 달음질치기 시작했다.

"나도 수업 있어. 같이 가."

학림도 질세라 힘껏 뒤를 쫓았다. 여유로운 건 필동뿐이었다. 필동은 여자친구를 대하듯 연등을 가만히 쓰다듬기까지 했다.

갑작스런 비로 인해 축제에 지장이 있지는 않을까 많은 이들이 걱정했지만 다행히 날씨는 다시 화창해졌다. 팔정도에는 여전히 활기가 넘쳤다. 물풍선에 얼굴을 맞은 복학생은 찡그린 얼굴을 활짝 펴고 껄껄 호기롭게 웃었다.

정도는 팔정도를 걸으며 생각에 잠겼다. 내일 있을 목멱퀴즈대회에 참가하기 위해 예상문제를 추려내는 중이었다. 벌써 '동국대학교 백년사'도 독파했고 중요한 것은 다 정리해 두었다. 정도는 학교의 상징과도 같은 명진관을 바라보며 아무래도 퀴즈대회에서 한 문제쯤은 나올 것 같다는 기분이 들었다. 그는 명진관이 지어지기까지의 과정을 떠올려 봤다.

한국전쟁이 끝난 후 동국대학교는 판자로 가건물을 지어 수업을 하다가 시설부족 문제를 해결할 수 없어 본관 건물을 짓기로 결정하였다. 곧 그 당시 본관이었던 명진관의 재건축 설계도가 완성되었다. 그러나 명진관 건립에는 어마어마한 비용이 필요했다. 그런 힘든 상황을 학생과 학부모가 협조하여 등록금에 건축비 항목으로 약간씩 더 내 극복할 수 있었다. 거기다가 미8군의 목재, 시멘트 등의 건축자재 원조도 큰 보탬이 되었다.

"차 한 잔 하고 가세요."

불교대학에서 스님들이 나오셔서 차를 대접하고 있었다. 정도는 기껏 정리한 머릿속이 흐트러지는 것 같아 약간 짜증이 났지만 해사한 얼굴을 한 스님에게 화를 낼 수는 없었다. 정도는 스님의 안내를 받고 자리에 앉았다. 스님은 차를 따르며 조용히 미소를 지으셨다.

"감사합니다."

정도는 얼른 마시고 일어나 하던 일을 계속 할 생각이었다. 그래서 차를 한 입에 털어놓고 찻잔을 내려놓는 동시에 발에 힘을 주었다.

"그렇게 드시면 안되지요. 우선 향기를 맡고, 천천히 입술을 적시며 넘겨 혀를 굴리며 맛을 음미해야 합니다. 천천히요. 자, 드셔보세요."

스님은 또다시 찻잔을 채웠다. 그리고는 정도의 얼굴을 넌지시 바라보았다. 정도는 스님의 말씀을 떠올리며 일단 향을 맡고 천천히 넘겼다. 어쩐지 스님이 감시하는 것 같아 긴장되었다.

"이렇게요?"

"네, 그렇지요."

정도는 스님의 얼굴에 만족스런 미소가 퍼지는 것을 보고 다시 발바닥에 힘을 꾹 주었다.

"맛이 어떠세요?"

"아, 그게……."

먹는 법에만 신경을 쓴 나머지 맛을 느끼지 못하고 꿀꺽 삼켜 버린 후였다.

"자, 이번에는 맛을 느껴보세요."

"저, 일어나봐야 할 것 같은데요."

"적어도 다섯 잔은 마셔야 하는 겁니다."

"네? 다섯 잔이요?"

스님은 아랑곳하지 않고 찻잔을 채웠다.

"자."

이번에 정도는 맛까지 음미하며 천천히 차를 마셨다. 정도는 기왕 이렇게 된 거 이 기회에 다도를 제대로 배워 보기로 했다. 정도는 스님께도 차를 따라드린 다음, 우리 학교 설립 배경에 대해서 찬찬히 질문하기 시작했다. 처음에는 오랜만에 말벗을 만난 수도승처럼 친절하게 대답해 주던 스님도 질문이 끝도 없이 이어지자 얼굴빛이 점점 파랗게 변해갔다.

"불교연구회에 몸담고 계셨던 홍월초 스님이 우리 학교가 설립되는 데 지대한 공을 세우셨죠? 그분에 대해서 더 알고 싶습니다."

"글쎄요. 잘은 모릅니다. 저도 승복이야 입고 있지만 새내기라……."

시간이 흘렀고, 주고받은 찻잔이 열 잔을 훌쩍 넘어 버렸다. 주위의 스님들은 정도와 눈이 마주치면 질문을 받을까 봐 슬슬 눈치를 보며 각자 할 일을 찾아 분주한 척을 했다.

"조정도!"

상록의 목소리였다.

"여기서 뭐하냐? 또 무슨 호기심이 발동해서 스님을 붙잡고 있어? 응?"

스님은 빠져나갈 기회가 왔다는 것을 직감했다.

"친구들이 왔군요. 바쁠 텐데 그만 가보시지요."

스님은 동국에게 애절한 눈빛을 보내어 소리 없는 하소연을 쏟아냈다.

"가자!"

동국은 단호하게 말하고 앞장서서 걸어갔다.

"형…… 아직도 스님들께 여쭐 게 산더미 같은데……."

"오빠 말 못 들었어? 얼른 따라와."

명진은 쏘아붙이듯 재촉하고 저만치 앞서가는 동국에게 달려갔다.

"어딜 가는 건데?"

"임마, 가보면 알아. 오늘 동국이 형이 한턱 쏘신단다."

상록은 정도의 등짝을 두들기며 혜화관 앞으로 향했다.

혜화관 앞에는 각 과와 여러 동아리에서 저마다 홍보에 열을 올리고 있는 주점들로 북적거렸다. 필동의 과주점도 수영장 방향을 등지고 한 켠에서 대성황을 이루고 있었다.

"어서오십쇼!"

동국, 명진, 상록, 정도가 들어서자 필동이 우렁찬 목소리로 외쳤다.

"준비는 잘했냐?"

동국이 주점을 둘러보며 말했다. 아직 해가 지지 않았지만 제법 사람들이 있었다. 파전 부치는 고소한 냄새가 동국의 콧구멍을 간질였다.

"그럼요. 아마 저희 주점 매상이 탑일 걸요! 뭘로 드릴까요?"

"제일 맛있는 걸로 가지고 와봐. 파전 냄새 좋다! 파전하고, 술은 막걸리로 하자."

그때 상록원 쪽 계단으로 금강과 학림이 내려오고 있었다. 필동은 금강과 학림을 향해 크게 손을 흔들었다.

'역시 동기밖에 없다니까.'

필동은 입을 씩 벌리며 미소를 지었다. 마침 해가 뉘엿뉘엿 지고 술판을 벌일 분위기도 무르익고 있었다. 필동은 학림과 금강을 보자 연등이 생각났다. 어둑어둑해진 사위를 연등으로 밝히면 주점 분위기도 살고 손님도 더 많이 올 것 같았다.

연등을 전선에 연결하고 스위치를 올리자 주점 안으로 노란 불빛이 가득 들어찼다. 작고 낡아빠진 연등에서 뿜어져 나오는 불빛이라고는 믿기 힘들 정도였다. 워낙 밝고 황홀해 모두가 연등에 시선을 빼앗겨 버렸다.

"배고파 죽겠네. 여기 밥 좀 다오."

깜짝 놀란 필동이 뒤로 고개를 돌리자 언제 들어왔는지 폭삭 늙은 노인 한 명이 숟가락으로 밥상을 두드리며 고래고래 고함을 지르고 있었다.

"이거 뱃가죽이 등짝에 붙어 형님하자고 덤비네. 이놈들아, 늙은이

굶겨죽이지 않으려거든 얼른 갖고 와."

"네……."

할아버지는 승복을 입고 있었다. 승복은 너무 낡아서 조금만 건드려도 먼지가 되어 포르르 흩어져 버릴 것만 같았다. 승복만 낡은 게 아니었다. 할아버지는 나이를 가늠할 수 없을 정도로 쪼글쪼글한 얼굴을 하고 등줄기도 구부정했는데 목소리만큼은 여느 젊은이 못지않게 카랑카랑했다. 할아버지는 필동이 서둘러 내간 파전 두 장을 순식간에 다 먹더니 도토리묵, 계란말이, 두부샐러드 등등 가져다주는 족족 말끔히 해치웠다.

"너네 주점에서 많이 먹기 대회 하니? 이럴 줄 알았으면 아침부터 굶고 오는 건데."

금강이 눈치도 없이 필동에게 다가가 물었다. 필동은 학과 동기와 선배들의 눈총을 한몸에 받고 있었다. 아무래도 안주값을 낼 것 같지 않은 행색 때문이었다.

"한 접시 더 다오."

"네? 할아버지 몇 접시 째인지 아세요?"

"어른 드시는 게 그렇게 아깝더냐?"

"아니, 그게 아니라요."

"배고프다."

필동은 할아버지의 카리스마에 눌려 울며 겨자먹기로 음식을 가져다 줄 수밖에 없었다. 아직 여덟 시, 개점한 지 세 시간밖에 되지 않았는데 재료가 거의 떨어지고 말았다. 필동네 과의 학생회장은 솟구치는 화를 억누르고 필동을 불렀다.

"너 나 좀 보자."

5자회 멤버들은 멀리서 야단맞는 필동을 바라보았다. 학생회장은 간간이 소리를 높였다. 학회비, 청구, 배상 등의 단어가 특히 크게 들려왔다. 필동은 억울하다고 하소연했지만 소용없었다. 필동은 졸지에 채무자 신세가 되었다. 술을 마시던 타과 학생들은 새 안주가 없어 다른 과 주점으로 자리를 옮겼으며, 필동네 과사람들조차 하나둘씩 다른 주점으로 슬그머니 옮겨갔다. 풀이 죽어 주점으로 돌아온 필동에게 상록은 주점 최후의 막걸리를 탁탁 털어 한가득 따라주고는 필동의 등을 토닥이며 말했다.

"5자회의 모토가 뭐야. 생존! 너 이런 거에 굴하면 5자회 멤버 아니다. 알았지?"

위로한답시고 하는 말이었다. 하지만 필동이 펑크 낸, 괴노인이 허겁지겁 먹어치운 재료비를 무슨 수로 구한단 말인가! 필동은 왈칵 눈물이 쏟아질 것 같았다. 그러나 5자회 멤버들이 보는 앞에서 울 수는 없었다. 필동은 애써 태연한 척하며 마음을 진정시켰다. 그때까지 지켜보고만 있던 동국이 입을 열었다.

"뭐야, 모처럼 한턱 거하게 내려고 했더니 재료가 떨어졌다고? 에이, 그럼 딴 데 가자."

동국이 일어서자 명진도 따라 일어섰고, 그러자 상록, 정도, 학림, 금강도 줄줄이 그 뒤를 따랐다. 필동은 구원을 간절히 바라는 표정으로 그들을 애타게 쳐다봤지만 아무도 도와주려 하지 않았다. 5자회 사람들의 모습이 완전히 보이지 않게 되자 필동은 털썩 자리에 주저앉았다.

"내가 너무 많이 먹었나?"

멀찌감치 앉아 있던 괴노인이 그제야 멋쩍은 듯 필동을 향해 말했다.

"할아버지! 알긴 아세요?"

노인은 대답 대신 게시대에 걸려 있는 현수막 하나를 가리켰다. 현수막에는 '목멱퀴즈대회, 학교 역사 퀴즈 맞추고 일등하면 상금 백만원!'이라고 적혀 있었다.

"저기 나가보는 거 어때? 내가 학교 역사는 좀 알아. 도와줄게."

"정말요?"

"그래. 나는 거짓말 안해."

필동은 벌떡 일어나 설거지를 하고 테이블을 치우고 쓰레기를 모았다. 어차피 다른 길도 없었다. 노인은 학생들이 남기고 간 안주를 천천히 집어 먹으며 학교를 둘러보았다.

"참 많이 변했구나."

"네?"

"학교가 몰라보게 변했어. 여기가 옛날 그곳이 맞는지 원."

"할아버지 우리 학교 선배님이세요? 몇 학번이세요? 네? 그래서 학교 역사에 정통하시구나."

"나로 말할 것 같으면……."

"아, 잠깐만요. 이것만 마저 치우고요. 내일 어떻게 할 건지 작전을 짜보자구요. 잠깐만 기다리세요."

필동은 쓰레기를 모은 뒤 주점 바깥 한쪽으로 치워두고 돌아와 연등을 껐다.

"할아버지, 내일 어디서 만나죠?"

대답이 없었다. 필동은 이상한 기분에 뒤를 돌아봤다. 할아버지는 보이지 않았다. 황급히 주위를 살펴봤지만 할아버지는 흔적도 없었다.

"할아버지이!"

혜화관 앞을 서성이며 목이 터져라 불렀다. 그러나 아직 영업중인 주점들에서 쏟아져나오는 음악 소리에 묻혀 필동의 목소리는 멀리까지 퍼져나가지 못했다. 필동은 사기를 당했다는 생각이 들어 무릎에 힘이 쭉 빠졌다. 필동은 그만 눈시울을 붉히고 말았다.

다음 날, 필동은 팔정도 코끼리상 앞에 앉아 있었다. 이곳에 있으면 할아버지를 만날까 싶어서였다. 그러나 할아버지의 모습은 보이지 않았다. 애꿎은 연등만 만지작거리던 필동은 무심결에 연등을 켜보았다. 전기에 연결되지 않은 연등은 불이 켜지지 않았다. 구겨진 종이뭉치를 손에 든 정도가 필동을 향해 걸어왔다.

"형!"

"필동아, 여기서 뭐하냐? 어젠 잘 마무리했고?"

"네, 뭐…… 근데 형은 어디 가세요?"

"나 퀴즈 대회 신청하러 가."

"퀴즈 대회요?"

"응. 너도 해보지 그래?"

필동이 대답을 망설이는 사이 금강과 학림이 나타났다.

"어머, 정도 오빠. 그게 뭐에요?"

금강은 정도의 종이를 나꿔챘다. 정도가 손을 뻗어 되찾으려 했지만 금강은 이미 서너 걸음 도망쳐서는 구겨진 종이를 펼쳤다. 정도는 체념한 듯 손을 내렸다.

"예상문제? 무슨 예상문제예요?"

필동은 정도가 박학다식한데다 철저한 성격이라는 것은 알고 있었지만 이렇게까지 준비했을 줄은 꿈에도 몰랐다.

"뭐긴 뭐야, 퀴즈 대회 예상문제지."

정도가 시큰둥하게 대답하자 금강이 호들갑을 떨며 다가와 매달렸다.

"오빠. 나도 껴줘요. 같이 나가요. 네?"

"2인 1팀이긴 한데……"

그러자 학림이 끼어들었다.

"형, 그러지 말고 저랑 나가요. 저도 학교 홈페이지에 자주 들어가 봐서 학교 역사 정도는 꿰고 있거든요."

학림의 눈이 기대로 반짝였다.

"오빠, 제가 부저는 잘 눌러요. 퀴즈 대회에선 순발력이 제일 중요하잖아요. 저랑 나가요. 네?"

"하지만 당황해서 문제가 잘 생각 안 날 땐 옆에서 서포터해 줄 사람이 절실하죠. 안 그래요? 형?"

정도는 어떻게 해야 할지 고민이 되었다. 그때 어제 함께 차를 마셨던 스님이 지나가다가 정도와 눈이 마주쳤다.

"스님!"

'아차!'

스님은 당황했다.

"어떻게 하면 좋을까요? 둘 다 제 파트너가 되고 싶다는데요."

"뭐든지 서두르지 마십시오. 매사 서두르다가는 일을 그르치고 만답니다. 제가 드릴 수 있는 말씀은 이게 답니다. 그럼, 이만."

스님은 선문답 같은 말을 남기곤 뒤도 돌아보지 않고 가던 길을 재촉했다. 잠시 생각에 잠겼던 정도는 그대로 물러설 수가 없었다. 정도가 다시 스님을 찾았을 때 스님은 이미 멀찍이 떨어져 걸음을 빨리하고 있었다. 정도는 스님을 쫓아갔다. 정도가 스님의 뒤를 쫓고 정도의 뒤를 금강과 학림이 쫓으며 필동은 어느새 혼자가 됐다.

필동이 인기척에 놀라 옆을 보니 엊저녁에 봤던 할아버지가 앉아 길게 하품을 하고 있었다.

"할아버지!"

"공부는 좀 했냐?"

"어디 갔다 오셨어요, 할아버지! 얼마나 찾았는데요!"

"내가 거짓말은 안한다고 했느냐 안했느냐. 쓸데 없는 소리는 그만 두고 얼른 가서 참가 신청이나 하고 와."

"와! 축지법은 존재해! 웬 걸음이 저렇게 빠르냐."

정도가 탄식을 터트리며 돌아왔다. 뒤이어 학림도 합류했다. 금강은 어디로 갔는지 보이지 않았다.

"어? 어제 그 할아버지 아니야?"

학림이 놀란 토끼눈을 하고 말했다. 노인은 가만히 미소만 지어 보였다.

"그럼 할아버지만 믿고 참가 신청할게요. 딴 말씀 하시면 안돼요?"

"너도 나가려고? 이 할아버지랑?"

정도가 물었다.

"아, 그런 건 아니구요……."

필동은 든든한 후원자를 확보한 것 같아 기분이 좋아졌다.

필동과 정도, 그리고 학림과 금강이 참가신청 데스크로 갔을 때, 꼼수에 있어서 가히 천재적인 금강은 이미 자신과 정도를 한 팀으로 묶어 참가신청서를 제출한 뒤였다.

"오빠, 접수 완료했어요!"

"야, 반칙이잖아!"

학림이 흥분해서 소리를 질렀다. 금강은 못 들은 척 정도의 어깨를 털어주며 생긋 웃었다. 학림은 분이 풀리지 않았지만 별 수 없었다. 필동이 혼자 신청서를 작성하고 있는데 학림이 선심 쓰듯 말을 걸었다.

"내가 뭐 파트너가 없어서 이런 소릴 하는 건 아닌데, 그래도 혼자보다는 둘이 낫지 않겠냐?"

필동은 학림을 멀뚱히 쳐다보다가 그도 그럴 것 같아 받아들였다. 신청서 작성을 마치고 필동과 정도, 금강, 학림은 함께 상록원 학생식당에서 밥을 먹었다. 필동은 정도의 예상문제를 빼내고 싶었다. 그러나 금강이 철저하게 견제해서 차마 보여 달라는 말은 할 수 없었다.

밥을 다 먹은 후, 그들은 팀 별로 흩어졌다. 필동과 학림은 도서관에서 '동국대학교 백년사' 책을 뒤적이며 조금이라도 머릿속에 넣으려고 안간힘을 썼다. 정오까지는 30분 남짓 남아 있었다. 700페이지도 넘는 방대한 내용을 그 짧은 시간에 입력한다는 것은 아무리 머리 좋은 학림이라도 불가능에 가까웠다. 필동도 마찬가지였다. 벽돌만큼이나 두꺼운 책을 펼쳐 놓고 들여다보자니 글자와 종이만 구분 갈 뿐 도무지 머릿속에 들어오는 게 없었다.

"어디 보자. 뭐라고 적어놨나?"

누군가 필동과 학림이 보고 있는데도 슬쩍 책을 빼갔다. 놀라 고개를 들어보니 할아버지였다. 퀴즈대회가 시작될 때까지 오랜만에 교정을 둘러보겠다고 하더니 그새 다 돌아본 모양이었다.

"할아……."

도서관인 걸 깜빡한 필동이 소리를 지르려다 제 입을 막았다. 노인은 슬쩍 필동을 쳐다보더니 책을 훑기 시작했다. 책장을 건성건성 넘기는 폼이 연륜 있는 어른이라 하더라도 별로 눈에 들어오는 게 없는 듯했다.

"요즘 사람들은 책을 참 잘 만든단 말이야. 옛날엔 몇 번 펼쳐 보지도 못하고 책장이 찢어지고 뜯어지기 일쑤였는데."

노인의 목소리가 너무 커 필동이 손을 내저었다.

"할아버지, 도서관이에요."

노인은 주위를 슬쩍 둘러보곤 필동의 손에서 펜을 빼앗았다.

"꽤 자세히 기록해 뒀구만. 자, 여기…… 여기…… 여기……는 좀 신경써서 봐 두라구."

노인은 책을 펼치며 필동과 학림이 보는 앞에서 손가락으로 무성의하게 짚어 줬다.

"곧 퀴즈 대회가 시작됩니다. 참가자들은 불상 앞으로 모여 주세요."

사회자의 목소리가 들리자 참가팀들이 모여들었다. 참가하는 사람들도 많았지만 구경하려 모여든 사람들도 적지 않았다. 그중에는 명진도 있었다. 그리고 명진을 그림자처럼 따라다니는 상록도 있었다.

'명진이 누나도 왔구나.'

필동은 괜히 진땀이 났다. 아무런 준비도 못했기에 첫 문제에서 탈락될 것만 같아서였다. 명진에게 잘 보이고 싶은 마음과는 달리 자꾸만 이상하게 꼬이는 상황이 원망스럽기만 했다.

퀴즈 대회에 대한 사회자의 안내가 나오고 곧이어 개회가 선언됐다. 비록 필동은 초반에 전사할지언정 명진 앞에서 기죽은 모습을 보이고 싶진 않았다. 일단 양반다리를 하고 허리를 반듯이 세워 앉아 정답판으로 준비된 화이트보드를 챙겼다. 옆에서 한 조로 참가신청한 학림이 주먹을 불끈 쥐어 보였다. 필동과 학림의 옆에는 공교롭게도 정도와 금강이 앉았다. 학림이 혹시 컨닝을 할 수 있을까 싶어 기웃거렸으나 금강이 슬쩍 몸을 틀어 시야를 막았다.

"자, 첫 번째 문제입니다."

사회자가 소리쳤다. 모두들 사회자의 말을 하나라도 놓치지 않기 위해 숨을 죽였다.

"이것은 우리 학교가 1964년부터 2001년까지 무려 37년 동안 약 200억 원을 투자한 대규모 사업입니다. 운허 스님을 비롯한 교계의 큰스님과 이종익·김달진 등의 불교학자, 조지훈·서정주 등의 문인, 최현배·이희승 등의 국어학자가 대거 동원된 이 프로젝트의 이름은 무엇일까요?"

첫 문제부터 호락호락하지 않았다. 자신 있게 정답을 쓴 사람은 정도 팀뿐인 듯했다. 필동은 난감했다. 첫 문제에서 탈락이라니. 눈앞이 캄캄해졌다. 학림을 쳐다봤지만 전혀 모르는 눈치였다.

"자, 다 쓰셨으면 정답을 확인하겠습니다. 모두……"

다급해진 필동은 할아버지를 찾아 두리번거렸다. 할아버지는 사람들 틈에서 필동을 지켜보고 있었다. 그런데 둘의 눈이 마주친 순간 필동의 뇌리에 뭔가가 번쩍하고 떠올랐다. 이상하게도 하얗기만 하던 머릿속에서 할아버지가 손가락으로 짚어 주던 '동대백년사'의 페이지가 퍼뜩 떠올랐다. 필동은 서둘러 정답판에 답을 적었다.

"정답판을 들어 주세요."

관중석 여기저기서 탄성이 흘러나왔다. 진행요원들이 손가락을 입에 가져다 대며 조용하라는 시늉을 보였다. 사회자가 잠시 뜸을 들이더니 정답을 발표했다.

"자, 정답은…… 고려대장경 역경사업입니다. 한글대장경 발간사업이라 쓴 학생들도 정답으로 인정합니다. 고려대장경은 그 방대한 규모 때문에 팔만대장경으로 더 잘 알려져 있죠? 이것을 '동국역경원'의 주도로 한글화한 것이 고려대장경 역경사업입니다. 역경사업이 완료된 2001년 9월에는 대한불교조계종이 장충체육관에 특설법회장을 마련하고 '한글대장경 완간 회향법회'를 거행하기도 했죠. 자, 고려대장경 역경사업 혹은 한글대장경 발간사업이 아닌 다른 답을 쓴 분들은 아쉽지만 퇴장해주시기 바랍니다."

필동은 그제야 제가 쓴 정답을 확인했다. 틀림없이 '고려대장경 역경사업'이라고 썼다. 믿을 수가 없었다. 자기가 쓴 게 아니라 제 몸에 무언가가 들어와 조종한 것만 같았다. 학림은 휘둥그레진 눈으로 정답판과 필동을 번갈아 봤다. 믿을 수 없다는 얼굴이었다.

첫 문제부터 틀려 상심한 학생들은 억지를 써 보기도 했으나 이내 진행요원들의 손에 의해 끌려 나갔다. 사회자가 다시 마이크를 잡았다.

"첫 문제부터 너무 어려웠나요? 굉장히 많은 학생들이 탈락했습니다. 이제부터는 난이도를 조금 낮추도록 하겠습니다."

탈락한 학생들의 원성이 여기저기서 마구 터져 나왔다. 그러나 사회자는 아랑곳하지 않고 진행에만 신경썼다. 참가자의 절반이 떨어져 나가자 주위가 한결 여유로워지긴 했다. 살아남은 자들에게 주어진 첫 선물인 셈이었다.

"다음은 우리 학교의 이름을 맞히는 문제입니다. 아 물론, 우리 학교의 이름은 무엇일까요? 가 문제일 리는 없겠죠. 현재 우리 학교의 정식 교명은 잘 알다시피 동국대학교입니다. 그렇지만 처음부터 이 교명을 쓴 것은 아니었습니다. 바로 직전에는 혜화전문학교였고 그 이전에는 중앙불교전문학교, 불교전수학교, 불교중앙학림, 불교고등강숙까지 거슬러 올라갈 수 있죠. 자, 그렇다면 100년도 훨씬 전인 1906년에 설립되었으며 우리 학교의 뿌리라고 볼 수 있는 이 교육기관의 이름은 무엇일까요. 정확하게 써 주시기 바랍니다."

이 문제는 5자회 멤버라면 누구랄 것 없이 쉽게 대답할 수 있었다. 정답은 '명진학교'였다. 필동은 슬쩍 '명진' 누나가 구경하고 있는 쪽을 봤다. 명진도 살짝 미소를 띠어 보였다.

쉬운 문제라고 생각했는데 의외로 많은 팀이 탈락하고 말았다. 탈락한 팀들도 '명진'까지는 잘 알고 있는 듯했다. 오답 중에는 명진대학교, 명진전문학교, 명진불교전문 등등의 답이 있었다.

사회자가 다음 문제를 냈다. 사회자가 손짓을 하자 음향을 담당하고 있는 쪽에서 페이드인으로 음악을 깔았다. 교가였다.

"우리 학교 교가 다들 아시죠? 거룩한 삼보의 언덕 위에, 한 줄기 빛나는 동국의 빛…… 이 교가는 1964년에 시인 이은상 작사, 음악가 김동진 작곡으로 만들어진 노래인데요. 가사 중에 거룩한 삼보의 언덕이라는 구절이 있는데 여기서 삼보가 의미하는 것은 무엇일까요?"

필동은 고개를 갸우뚱했다. 어디선가 들은 듯하기도 한데 기억나지 않았다. 학림도 마찬가지였다. 필동은 학림에게 속삭였다.

"삼보의 언덕이니까 말이야. 세 걸음 아닐까?"

"장난 치냐?"

"미안, 생각이 안 나서……"

"가만 있어봐. 부처님이랑, 부처님 말씀이랑, 뭐였더라…… 자아와 명상 때 배웠잖아."

필동은 그제야 생각이 났다.

"아, 그게 그거였어? 불교의 세 가지 보배. 부처님, 부처님 말씀, 스님."

둘은 자기도 모르게 목소리가 커질까 봐 얼른 고개를 숙였다. 필동이 킥킥거리며 얘기를 계속했다.

"삼보가 그 삼보야? 세 가지 보배? 왜 난 그 생각을 못했지?"

"됐어. 그만하고 얼른 적어."

사회자가 정답판을 들어달라고 외쳤다. 정답판 중에는 정말로 "세 걸음"이라고 쓴 것도 있었다.

문제는 계속 이어졌고 필동과 학림은 간신히 버텼다. 정도 팀은 예상했던 대로 승승장구였다.

우여곡절 끝에 이제 남아 있는 팀은 정도와 필동 팀뿐이었다. 사회자는 이제 진행 방식을 바꾸겠다고 말했다. 세 문제를 내서 더 많이 맞히는 사람이 우승자가 된다는 것이었다. 첫 번째 문제는 우리 학교 체육교육과를 졸업했고, 한국 산악계를 대표하는 등반가로 활동 중이며, 세계 최초로 산악 그랜드 슬램을 달성한 산악인 박영석에 관한 문제였다. 필동과 정도 모두 정답을 알았으나 문제가 채 나가기 전에 정답을 외친 금강 덕분에 정도가 정답을 말할 수 있었다.

"대단한 순발력입니다. 자, 다음 문제입니다. 우리 학교 교훈은 '종승과 여승은 물론 신학문을 교육하여 부처님의 자비를 실천하고, 지덕을 높여 올바른 사회를 이끌어갈 지도자를 육성하겠다는 의지를 표현

한' 이것인데요. 이것은 무엇일까요?"

"정답!"

필동 팀의 학림과 정도 팀의 금강이 동시에 손을 들었다.

"네. 거의 동시에 두 팀이 정답을 외쳤는데요. 제가 보기엔 남남 커플 쪽이 조금 빨랐던 것 같습니다. 정답은요?"

"자비수선!"

학림이 자신있게 대답했다. 할아버지가 백년사 책에서 짚어줄 때 잔머리를 굴려, '옷이 찢어지면 (자비)로 (수선)을 맡겨야 한다'로 외운 게 생각났다. 사정을 알 리 없는 필동은 같은 팀이지만 학림이 샘났다.

"네, 정답입니다."

마지막 문제를 남겨 놓고 정도 팀과 필동 팀이 전의를 불태웠다. 늘 새침하던 금강의 두 눈도 이글이글 타올랐다.

"마지막 문제를 남겨놓고 있는데요, 팔정도를 가득 채운 긴장감이 여러분도 느껴지시나요? 과연 누가 장학금 백만 원의 주인공이 될지 끝까지 지켜봐 주시기 바랍니다. 그러면, 문제 나갑니다. 두 팀 모두 잘 듣고 답해 주세요. 이 시는 지난 2006년에 우리 학교 건학 100주년을 맞이하며 개교기념일보다 조금 앞선 5월 3일에 최초로 공개되었습니다. 미당 서정주 시인이 생전에 미리 써 놓은……."

"정답!"

금강이었다.

"대단합니다. 문제가 다 나가기도 전에 정답을 외치네요. 표정을 보니 상당히 자신 있는 것 같은데요? 네, 정도-금강 팀."

정도는 순간적으로 머릿속이 하얘졌다. 사회자가 말한 대로 문제가 다 나온 게 아니기 때문이었다.

"오빠, 어서 말해요."

정도는 금강을 노려보다가 눈을 감아 버리고 말았다. 금강은 정도의 팔을 흔들어댔지만 정도는 꼼짝하지 않았다.

"영(0)! 안타깝습니다. 이제 기회는 자동적으로 남남 커플인 필동-학림 팀으로 넘어가게 됩니다. 문제를 마저 내겠습니다."

"미당 서정주 시인이 생전에 미리 써 놓은 '동국대학교개교 100주년을 앞두고'라는 시와 함께 공개된, 만해 한용운 선사의 이 시는 병풍에 기록된 채 전해지다가 건학 100주년 관련 사료를 수집한다는 소식을 듣고 학교에 기증되었습니다. 당시 언론들은 만해의 사상과 문학을 연구하는 데 있어 획기적인 자료가 될 것으로 평가하며 대단한 관심을 보이기도 했는데요. 진리를 깨치는 과정을 잃어버린 소를 찾는 과정에 빗대어 쓴 이 시의 제목은 무엇일까요?"

필동과 학림은 문제를 다 듣고도 대답을 하지 못했다. 반면 정도는 눈을 꼭 감은 채 지독한 두통을 참는 표정을 지었다. 답을 알고 있기 때문이었다. 필동과 학림이 모르는 눈치니 금강이 서두르지만 않았어도 우승은 제 차지였다.

그런데 정도의 예상과는 달리 필동은 정답을 알고 있었다. 대답을 미루고 있는 건 퀴즈 대회의 재미를 위해 뜸을 들이고 있는 것일 뿐이었다. 금강이 옆에서 손을 들었다 놓았다 하며 정답을 외쳤지만 사회자는 필동이나 학림에게 기회가 있다며 받아들이지 않았다.

"필동-학림 팀. 정답을 모르면 다시 정도-금강 팀에게 기회가 돌아갑니다. 다섯을 셀 동안 대답을 해 주시기 바랍니다. 다섯!"

필동의 속을 알 리 없는 학림은 정도의 표정만 살폈다. 만약 정도도 이 문제를 모른다면 연장전까지 갈 수 있을 터였다. 비록 정도만큼 많이 안다고는 못하지만 운이 따를 수도 있었다.

"넷! 셋!"

필동은 할아버지와 눈을 마주쳤다. 할아버지가 고개를 끄덕였다. 기억이 나느냐고 묻는 것 같았다. 필동도 고개를 끄덕였다.

퀴즈 대회 준비랍시고 도서관에서 용을 썼지만 자신이 없었다. 갑갑해서 앉아 있기가 힘들어 학림은 두고 홀로 바람을 쐬러 나왔다. 풀이 죽어 도서관을 나서는데 할아버지가 뒤따라 오다가 필동을 불러 세웠다.

"중간고사도 다 끝났는데 또 공부를 하려니 어떠냐. 죽을 맛이지? 그저 꽃놀이나 다니고 술이나 마시면서 놀고 싶겠구나. 허나 그 고삐 풀린 마음을 잘 잡아야 하는 게야. 연애도 좋고 젊어서 노는 것도 좋지만 항상 생각할 것은 큰 학문을 하기 위해 대학생이 됐다는 사실이다. 네 마음의 고삐는 네 손에 들려 있다는 걸 알거라. 잠깐하는 사이에 고삐 풀린 소는 어디론가 사라지고 없는 거다. 만해가 쓴 심우시라고 들어봤냐? 소를 찾는 시라는 뜻인데, 그 양반도 소를 한 번 잃고 엄청 당황했나 보더구나. 그러니 그런 좋은 시가 나오지."

사회자가 조금의 여지도 두지 않겠다는 듯 단호하게 외쳤다.

"둘!"

필동은 손을 번쩍 들었다.

"심, 우, 시입니다."

퀴즈대회가 진행되는 팔정도 일대가 고요해졌다. 눈을 꼭 감고 있던 정도의 눈썹이 잠깐 꿈틀거렸다. 사회자가 큐시트를 흘낏 보더니 외쳤다.

"심우시⋯⋯ 정답입니다. 이렇게 해서 올해 목멱대동제 기념 100만 원 장학금 타기 퀴즈 대회 우승자는 필동-학림 팀으로 결정됐습니다. 축하합니다."

명진과 상록이 필동에게로 다가왔다. 언제 왔는지 동국도 껴들었다.

"축하해. 대단한데? 새내기가 학교 역사 퀴즈 대회에서 우승을 하다니! 생존본능의 힘이니? 역시 5자회답다."

명진의 칭찬에 쑥스러워진 필동이 머리를 긁적거렸다. 막강한 라이벌이었던 정도도 손을 내밀었다.

"놀랐다. 언제 그렇게 공부했냐? 아쉽긴 해도 내가 승복해야겠지? 축하한다."

정도의 뒤에 서 있던 금강이 뾰로통해진 얼굴로 종알거렸다.

"축하는 무슨⋯⋯."

언제나 그랬듯 동국이 마무리를 지었다.

"이놈들아, 상금 탔으면 쏴야지! 얼른 내려가자. 배고프다."

모두가 동국에게 떠밀려 학교를 내려가는데 필동은 아까부터 두리번거리며 할아버지를 찾고 있었다. 그러나 할아버지는 어디에도 보이지 않앉다. 필동은 마치 길고 복잡한 꿈을 꾼 기분이 들었다.

*

다음 날, 동국은 아침 일찍 정각원 법당 뒤뜰로 갔다. 노스님 한 분이 일찌감치 와서 동국을 기다리고 있었다. 동국은 스님에게 합장을 하고 절을 올렸다. 스님은 동국이 오래 전에 템플스테이에 참가했을 때 연을 맺은 분이었는데 학교에 볼 일이 있어 며칠 머무는 중이었다.

"스님. 어젠 정말 감사했습니다."

"감사는 무슨. 젊은 사람들 만나고 다니는 게 내 수행법인걸. 가끔 이렇게 나와서 사방팔방으로 팔딱거리는 젊은이들의 마음을 대하고 있노라면 공부가 많이 된다네."

"아무튼 큰 신세 졌습니다. 곡차라도 모셔야 할 텐데요. 언제 돌아가십니까?"

"마음 쓰지 말게. 이렇게 봤으면 됐지 늙은 중의 행적을 알아 뭐하려고."

동국은 스님의 뜻을 알 것 같아 더 이상 묻지 않았다. 둘은 법당 처마 끝을 바라보며 오랫동안 말이 없었다.*

---

*허문영 2009년 동아일보 신춘문예 희곡 당선

경주답사

여름방학이 되었다. 상록과 정도, 그리고 명진은 동국의 호출을 받고 철학과 사무실로 가는 길이었다.

셋은 우연히 충무로역에서 만났다. 상록의 표정이 좋지 않았다. 어제 저녁 통화를 할 때 동국의 목소리가 심상치 않았던 탓이었다. 사정을 아는지 모르는지 명진은 앞만 바라보며 걷다가 투덜거렸다.

"방학 공연 작업 들어가기 전까지 집에서 푹 쉬고 싶었는데…… 대체 무슨 일이래?"

정도도 의아하다는 표정을 지었다. 그러나 상록은 아무 말이 없었다.

"야, 동국이 형이 우릴 왜 부른 거야? 뭐 들은 거 없어?"

상록은 골똘히 생각에 잠겨 걷기만 했다.

"무슨 말 좀 해봐. 왜 갑자기 우릴 불러낸 거냐구."

명진이 재촉했다.

예전에도 동국이 어제 저녁 통화에서처럼 정색을 한 적이 몇 번인가 있었다. 상록은 그때마다 동국에게 야단을 맞은 기억이 났다. 동국은 후배들이 뭘 좀 잘못했더라도 쉽게 화를 내는 선배가 아니었다. 야단치기 보다는 웃어 넘겼고 스스로 창피해서 같은 잘못을 저지르지 않도록 놀려대는 타입이었다. 그러니까 동국이 정색을 할 정도라면 뭔가 용서받기 힘들 만큼 큰일을 저지른 것이었다.

유일하게 동국과 통화를 한 상록이 아무 말을 하지 않으니 나머지 둘은 나름의 고민에 빠져 골똘해졌다. 충무로역에서 명진관까지 걷는 이십여 분 동안 셋은 전혀 모르는 사이처럼 대화 없이 걷기만 했다. 도심의 여름은 무더웠고 더위는 그들의 닫힌 입을 더욱 단단히 잠갔다.

팔정도를 가로지르던 중이었다. 갑자기 상록이 얼어붙은 듯 제자리에 섰다. 명진과 정도는 걷다가 길바닥에 무엇을 흘린 걸 깨달았을 때처럼 깜짝 놀라며 걸음을 멈췄다. 그들이 본 상록의 얼굴은 이미 백지장처럼 하얘진 뒤였다. 상록은 그대로 허공을 바라보며 울상을 지었다. 명진이 상록의 팔을 붙들고 물었다.

"뭐야? 왜 그래?"

정도는 상록이 바라보고 있는 쪽을 쳐다봤다. 상록의 시선이 닿는 곳엔 석가모니부처님 입상이 서 있었다. 부처님의 오른손은 시무외施無畏인(두려움이 없게 하는 인), 왼손은 여원與願인(소원을 들어주는 인)의 수인을 취하고 자애로운 미소를 띤 채 셋을 내려다보고 있었다. 사람들의 말마따나 부처님의 오른손은 꼭 하이파이브를 하자는 것 같았다.

불교학 개론 시간에 부처님의 수인에 대해 배우지 않았더라면 하이파이브의 손 모양 안에 우리의 우환과 고뇌를 없애 주고자 하는 부처님의 깊은 뜻이 담긴 줄은 몰랐을 것이었다. 어디에도 사람을 찡그리게 할 만한 모습은 보이지 않았다. 부처님이 광배 뒤로는 그리 맑지도 흐리지도 않고 그저 더워 보이는 하늘이 있을 뿐이었다. 정도는 볕이 뜨거워 찡그린 얼굴로 상록을 돌아봤다. 부처님의 뜻이 아무리 넓고 깊다고 하더라도 얼굴을 잔뜩 찡그리고 있는 상록의 마음에 그 뜻이 닿는 데는 시간이 좀 더 필요한 듯했다.

상록이 울상을 지은 채로 말했다.

"너네 혹시 성적표 받았냐?"

상록이 성적표를 말한 순간 명진과 정도도 표정이 얼어붙고 말았다.

"아직 안 나왔지? 근데 곧 나올 때 된 건 맞지?"

상록의 말에 명진과 정도가 동시에 고개를 끄덕였다.

명진은 공연하느라, 정도는 입대와 여러 가지 고민 때문에 1학기엔 성적관리를 소홀히 했다. 교수님들이 e-class에 게시해 둔 성적을 확인할 때마다 고개가 절로 꺾이고 한숨이 쏟아져 나왔다. 함께 수업을 들은 친구들은 자기가 받은 성적이 납득되지 않아 정정요청을 하기도 하고 누구는 장학금을 받기 위해 교수님을 찾아가 통사정을 하기도 했다. 그러나 명진과 정도는 성적이 아무리 나쁘게 나오더라도 겸허히 수용할 수밖에 없었다. 오히려 낙제되지 않은 것만으로도 감사할 지경이었다. 상록의 형편도 그다지 좋지 않았다. 5자회를 꾸려가며 필동, 학림, 금강 등 1학년 신입부원들까지 챙기느라 정신이 없었다. 게다가 2학년이 되니 학과에서도 이래저래 할 일이 많았다. 개강총회며 신입생환영회며 엠티며…… 상록은 동국에게 변명할 거리들을 찾다가 고개를 저었다. 아무리 그럴싸한 일이 있었더라도 변명은 변명이었다. 동국이라면 누구는 그런 일 안해 봤느냐며 되레 호통칠 게 뻔했다. 평소에 화를 잘 내는 사람이라면 이렇게까지 긴장되진 않았을 터였다. 땡볕이 내리쬐는 더위에도 불구하고 등에서는 식은땀이 흘러내렸다. 상록은 부처님을 쳐다보며 뭔가 답을 내려 주시길 기다렸다. 그러나 부처님의 표정은 "괜찮다, 괜찮아"라고만 하는 것 같았다.

"우리 이제 죽었다."

상록이 뭔가에 홀린 얼굴을 하고선 절망적인 목소리로 말했다.

"에이, 아닐 거야. 동국이 오빠가 우리 성적을 어떻게 알겠어?"

"넌 지금까지 동국이 형이 뭘 알려고 하는데 못 알아내는 거 봤냐?"

"그래도 오빠가 좀 이해해 줘야 하는 거 아니야? 우리가 뭐 놀았냐구."

명진이 투덜대자 이번엔 정도가 말을 받았다.

"동국이 형 성격 잘 알면서 그러냐. 작년에 스터디할 때 기억 안나? 사람이 좀 엉뚱해 보여서 만만하게 생각하다가 완전 당했잖아. 나는 무슨 학생부 선생님한테 야단맞는 기분이었다니까."

정도가 희망을 품지 말라는 듯 말했지만 명진은 실낱같은 정상참작의 여지라도 붙들고 싶어했다.

"우리도 이제 어엿한 선배라구. 언제까지 이렇게 애 취급을 당해야

해?"

그 대답은 상록이 동국의 말투를 흉내 내며 대신했다.

"어른 대접 받고 싶으면 어른답게 굴라고 할 게 뻔해."

"아 뭐야…… 난 집에 갈래. 난 동국이 오빠 화내는 거 무섭단 말이야."

명진이 돌아서서 가려 하자 정도가 얼른 붙들었다.

"하나보단 둘이 낫고 둘보단 셋이 훨씬 낫지. 혼자 살겠다고 배신하기야? 다 우리 잘 되라고 하는 말씀인데 얼른 가서 몇 마디 듣고, 앞으로 잘하겠다고 하자."

명진은 정도의 손에 이끌려오며 상록을 봤다.

"상록아…… 설마 오빠가 때리진 않겠지?"

상록은 명진의 말을 듣고 헛웃음이 났다.

"니가 그렇게 좋아하는 동국이 형이잖아. 설마 죽이기야 하겠어?"

"나 진짜 다음 학기부턴 잘할 건데. 이번 학기에는 단역이라도 배우로는 처음 참여한 거라서 정신 없었단 말이야."

"그러니까, 누가 뭐래. 그 말을 형이 좀 이해해 줘야 한다는 거지."

정도가 요점을 짚듯 손가락으로 제 손바닥을 쿡쿡 누르며 말했고 그 옆에서 상록이 곰곰이 생각에 잠겨 있다가 입을 열었다.

"우리 상록원 가서 형 줄 간식 사자. 뭐 좋아하지? 빵? 햄버거? 라면? 과자? 아이스크림? …… 그러고 보니 안 좋아하는 게 없네……."

다들 명진관 앞에 서서는 초조해 하기만 하고 들어갈 생각을 하지 않았다. 그러는 사이에 동국과 만나기로 한 시간이 다가오고 있었다.

시계만 들여다보고 있던 그들은 시간이 다 되자 마치 예방주사를 맞기 위해 줄 서 있는 아이처럼 떠밀리듯 건물로 들어갔다. 방학이라 오가는 학생도 별로 없었다. 더운 바깥과는 달리 석조관 내부는 동굴처럼 서늘했다. 평소 같았으면 상쾌할 냉기였겠지만 어쩐지 음산한 기운마저 들게 했다.

철학과 사무실은 명진관에 있는 게 아니었다. 아무리 돌아다녀 봐도 문과대 학사운영실만 보일 뿐, 문과대의 각 학과 사무실을 찾을 수가 없었다. 그때 정도가 자기 이마를 짚으며 말했다.

"큰일났다. 국문과 사무실이 만해관에 있으니까 다른 문과대 학과들도 거기 있을 거야. 왜 그 생각이 이제 나지?"

정도는 아무리 다른 학과라곤 해도 학교를 일년 반이나 다녔으면서 학과사무실을 엉뚱한 데서 찾고 있었다는 게 창피했다. 새내기 때부터 모르면 물어보란 소리를 선배들에게 자주 들었다. 대학생이 되었답시고 무작정 혼자 해결하려고 애쓰다가는 자존심은 지킬지 몰라도 일을 그르치기 십상이었다. 전화 한통이면 직원들이나 조교 선배들이 얼마든지 가르쳐 줄 텐데 그걸 알아서 찾아갈 수 있겠거니 한 게 잘못이었다. 그러고 보니 아직 대학생활에 완전히 익숙해지기까지는 한참 멀었다는 생각이 들었다. 그 순간에는 후배들이 곁에 없다는 게 얼마나 다행스러운지 몰랐다. 그나저나 그렇게 헤매고 다니는 동안 벌써 약속 시간을 20분이나 넘기고 있었다.

문과대학 학사운영실에서 철학과 사무실의 위치를 물어 헐레벌떡 뛰어갔다. 만해관 4층까지 계단을 어떻게 올라갔는지도 모를 정도였다.

학사운영실에서 일러준 대로 찾아갔더니 과연 철학과 사무실이 있었다. 상록은 급하게 오느라 거칠어진 호흡을 가다듬고 조심스럽게 문을 두드렸다. 안쪽에서 네, 하고 낯선 남자의 목소리가 들렸다. 문을 빼꼼히 열고 머리를 들이미는데 정도인지 명진인지 누군가가 등을 떠미는 바람에 왈칵 쳐들어가는 꼴이 되어 버렸다.

사무실에는 철학과 조교 선배인 듯한 남자 한 명과 동국 둘뿐이었다. 그들은 테이블에 마주앉아 피자 한 판을 다 먹어치우고 있는 중이었다. 언뜻 봐도 조교 선배는 몇 조각 안 먹었는데 동국이 죄다 차지해 버린 걸 알 수 있었다. 동국이 앉은 쪽에 토핑 부스러기가 훨씬 많이 떨어져 있었던 것이다. 상록과 명진과 정도는 일렬 횡대로 서서는 분위기가 파악되지 않아 일단 차렷 자세를 풀지 않고 있었다.

"누구세요?"

조교 선배가 물었다.

"응, 우리 애들."

동국이 피자 크러스트를 디핑소스에 푹 찍어 입에 넣으며 말했다.

"우리 애들? 우리 과에 저런 애들이 있었어? 몰랐네. 새내기들이냐?"

상황이 어리둥절하기만 한 셋은 서로의 얼굴을 쳐다보기만 할 뿐 말을 꺼내지 못했다.

"하과 애드 아야. 나앙 스더디 해떤 애드이야."

동국이 피자를 입안에 가득 넣고 말했기 때문에 발음이 제멋대로 뭉개져 나왔다. 조교 선배는 잔뜩 짜증난 얼굴로 동국을 쏘아봤다.

"아, 이 자식. 튀잖아! 그래 스터디 했던 후배들이라고? 잘 왔다. 이 친구 좀 데려가라. 나 일해야 되는데 오전부터 와서는 저렇게 죽치고 있다."

"음. 넌 손님 대접이 왜 그 모양이냐? 피자나 한 판 더 시켜 봐."

"와, 환장하겠네. 넌 조교가 무슨 떼돈 버는 줄 알아? 등록금 다 내고 나면 입에 풀칠하기도 빠듯한데 내가 이런 형편에 너같은 빈대까지 키워야겠냐? 신세 두 번만 졌다가는 아주 등골까지 빼먹겠네."

"그러게 공부 좀 하지 그러셨어. 어째 조교나 돼 가지고서는 팀티칭 하나 감당못해 쩔쩔매시나 그래?"

"야! 학생들 듣는 데서 정말 이럴 거야?"

"모르는 게 창피하다면 노력하면 될 터. 난 애들이랑 할 얘기가 좀 있으니까 가서 콜라나 사와. 캔 말고 1.5리터짜리로. 피자는 필요 없으니까 상록원까지 가서 사와."

"보자보자하니까 정말……."

"어라? 불만이야? 그럼 다른 사람 알아보든지. 갑자기 2학기 땐 바쁠 거 같다는 생각이 드네."

조교 선배는 얼굴이 울그락불그락해져서도 달리 할 말이 없는 듯했다. 상록은 상황이 어떻게 돌아가고 있는 건지 알 수 있었다. 조교 선배가 철학과 2학기 팀티칭 수업을 동국에게 부탁한 것이었다. 교수님에게 배우는 수업시간 외에 석박사 선배들과 따로 모여 보충학습을 할 수 있는 제도였다. 그나저나 사람을 불러 놓고서는 소 닭 보 듯하는 것 같아 심정이 상했다. 동국이 상록 등이 서 있는 쪽을 흘끗 보더니 조교 선배를 달래듯 말했다.

"정말로 애들한테 긴히 할 얘기가 있어서 그래. 다른 얘기 더 안할 테니까 잠깐만 자리 좀 비켜 주라."

"학과 사무실을 아주 제 안방처럼 쓴다니까. 내가 어쩌다가 너 같은 동기를 만난 거냐? 정말 전생에 무슨 업보를 쌓았길래……"

조교 선배가 나가자 동국은 냅킨을 찾아 입을 닦고서는 활짝 웃으며 말했다.

"와! 잘 왔어. 뭣들 하고 사냐? 보고 싶어 죽는 줄 알았잖아."

방학이 되고 겨우 일주일이 지났을까? 상록은 그 사이에 보고 싶어 죽을 만큼 동국과 저희가 애틋했던가 싶었다. 아니, 그것보다는 동국의 반응이 전혀 예상 밖이라 셋은 눈만 깜빡이며 서 있었다.

"뭐야? 왜들 그렇게 멀뚱멀뚱하냐? 나 안 보고 싶었어? 역시, 선후배 사이에도 내리사랑이라니까. 뭐야 뭐! 유령이라도 본 거야?"

어제저녁에 동국에게 살벌한 목소리를 들은 상록이 먼저 운을 뗐다.

"아니, 그게 아니라요. 어제저녁엔 형이 좀 화가 단단히 나신 것 같았는데…… 무슨 일이 있어서 부르신 게 아닌가요?"

상록은 잔뜩 주눅이 들어 조심스럽게 말했다. 동국은 작은 눈을 천천히 깜빡거리며 기억 안 나는 것을 억지로 생각하려 할 때처럼 눈썹 사이를 잔뜩 찌푸렸다. 그래도 기억이 나질 않는지 뚱한 얼굴로 상록을 쳐다봤다.

"내가 화를? 언제? 왜?"

"네. 어제 저녁에요. 착 가라앉은 목소리로…… 소리가 조금 떨리는 것도 같았고…… 절대로 늦지 말라셨는데……."

동국과 상록의 대화를 듣고 있던 명진과 정도는 일이 어떻게 돌아가고 있는지는 알 수 없었지만 걱정하던 사태는 벌어지지 않으리라는 것을 직감했다. 명진이 먼저 상록에게 핀잔줬다.

"뭐야 너! 그럼 그렇지. 동국이 오빠가 화를 낼 리가 없지."

정도도 가세했다.

"상록아, 너 땜에 피곤해 죽겠다."

상록은 억울했는지 오히려 동국에게 화풀이를 했다.

"형, 뭡니까? 분명히 어제저녁에 저한테 그랬잖아요. 셋 다 오라구요. 그것도 잔뜩 화난 목소리로."

동국은 다시 미간을 찌푸리고 손가락으로 두툼한 턱살을 매만지며 생각에 잠겼다. 그러더니 이내 활짝 웃으며 배를 부여잡았다.

"와하하. 그거? 나 똥사고 있었는데? 내가 요 며칠 동안 변비 때문에 엄청 고생했거든. 분명히 신호는 오는데 일이 안 터지더란 말이지. 그러다가 갑자기 너네 생각이 난 거야. 기막힌 계획이 떠올랐거든. 아니 그것보다 우선, 너네도 변비 있거든 보건소에 한 번 가 봐. 우리 학교 보건소 정말 대단하더라. 약 한 봉지 타 먹고 나니까 금방 해결이 되더라고. 우와, 얼마나 엄청나게 쏟아지던지, 너네가 봤어야 하는 건데. 세상에, 난 정말 내 체중이 절반으로 줄어드는 줄 알았다니까."

상록은 얼이 빠진 얼굴로 동국의 얘기를 듣고 있었고 그 옆에서 정도와 명진이 잡아먹을 듯 두 눈을 부릅뜨고 상록을 노려봤다. 상록은 사면초가와 같은 형세에서 빠져나갈 궁리를 하느라 머리를 재빨리 굴렸다.

"아니, 그러면 왜 제시간에 오라고 그렇게 강조한 거예요? 목소리도 힘이 잔뜩 들어갔지, 꼭 뭔가 우리가 잘못이라도 한 것처럼 시간을 지키라고 하시지. 어떤 후배가 그 상황에서 긴장 안하겠냐고요."

"피자!"

"네?"

"아까 나간 놈이 나한테 신세 진 게 있어서 피자를 사기로 했거든. 근데 내 속이 그 지경이었으니 먹을 사람이 없는 거잖아. 친구가 사기로 했더라도 그렇게 되면 내가 너네한테 한턱 쏘는 거였지. 늦으면 식어서 맛 없을 테니까 시간 맞춰 오라고 한 거야. 그러고 보니 어디서 뭘 하다가 늦게 나타난 거야? 나 욕하지 마라, 나는 분, 명히! 너네랑 나눠먹으려고 했다. 변비가 해결된 덕분에 좀 빨리 먹어 버리긴 했지만 말야."

상록은 그제야 체념했다. 동국이라는 선배는 상식으로 상대할 사람이 아니라는 걸 새삼 깨달았다. 문득 조금 전에 팔정도에서 본 부처님의 얼굴이 떠올랐다. "괜찮다, 괜찮아."라고 하는 것 같던 미소가 생생히 되살아났다. 상록은 욕먹을 뻔했다가 슬쩍 지나간 것만으로도 다행이라 여기기로 했다.

명진이 분하다는 투로 상록을 나무랐다.

"오빠, 얘가 뭐라 그런지 알아? 글쎄 우리 성⋯⋯."

정도가 급히 명진의 입을 막았다.

"우리 성격이 좀 남다르다, 뭐 그런 얘기였어요. 근데 형, 화장실에서 떠오른 기막힌 아이디어가 뭐예요?"

동국은 또 금시초문이라는 듯 멀뚱한 표정을 지었다. 정도는 혹시 동국이 단기기억상실증에라도 걸린 게 아닌가 싶었다. 그러나 이내 동국의 작은 눈이 반짝이며 빛났다.

"그러지 말고 좀 앉아 봐. 정말 빅 이벤트야."

상록, 명진, 정도는 동국의 맞은편에 쪼르르 앉았다. 잠시 옭아매고 있던 긴장감은 이미 완전히 풀어헤쳐지고 없었다. 다들 동국의 입만 바라봤다. 동국은 회심에 젖은 미소를 짓고 후배들을 한 번 둘러봤다.

"답사 가자. 상록이랑 정도는 노는 거 빤히 알고, 명진이 너는 다다음 주부터 새 공연 연습 들어가지? 그러니까 지금이 딱이야."

"답사요? 어디로 가자는 거예요?"

상록이 아직 분이 덜 풀린 목소리로 말했다.

"고대 문명을 찾아서."

"고대 문명이라면 이집트? 앙코르와트? 에이, 형. 로또라도 되셨나, 왜 그러세요."

"이자식, 헛바람만 잔뜩 들었구만. 경주 말하는 거야, 신라 천년의 고도 경주. 불국사, 석굴암, 대릉원, 반월성, 안압지, 포석정, 그리고 경주 황남빵까지! 정말 기대되지 않냐?"

"아……."

상록은 고개를 주억거리다가 그래도 썩 내키지 않는다는 듯 말했다.

"경주 좋은 거야 누가 몰라요? 이게 문제지."

상록이 엄지와 집게손가락 끝을 붙여 동그라미를 만들어 보였다.

"차비야 그렇다치고 숙박비며 식대며 입장료며…… 아휴…… 1학기 때 과대표 하면서 학과 행사를 좀 해 봤는데요. 그때야 단체할인이라도 받았지 우리끼리 가면 돈 엄청 깨져요."

동국은 상록이 뭐라고 하든 싱글거리고만 있었다.

"그렇게 웃으실 일이 아니라니까요? 금강이야 상관없겠지만 필동이는 1학기 내내 아르바이트 한 거 알죠? 학림이는 안 벌고 안 쓰자는 식이구요. 그러니까 그냥 가까운데 1박 2일로 가는 거라면 몰라도 경주까지 다녀오자는 건 좀……."

"얼마면 돼? 얼마면 우리 5자회가 엠티를 다녀올 수 있는 건데?"

동국이 느닷없이 드라마 흉내를 내는 바람에 분위기가 묘하게 싸늘해졌다. 동국은 그러거나 말거나 자기 할 말을 계속했다.

"숙식은 내가 책임질 테니까 걱정 말고 일정이나 잘 짜 봐. 우리 학교 경주 캠퍼스 있는 거 알지? 그쪽 불교문화대학원에 선배 한 분이 계신데 경주캠퍼스에서 강의도 하시고 댁이 경주 시내에 있어. 꼭 그 선배 아니라도 학술세미나에서 만났다가 연락하고 지내게 된 사람도 좀 있는데, 다들 내가 후배들 데리고 답사 가보고 싶다니까 꼭 자기네 집이나 사무실에 들르라고 난리다 아주. 그렇게까지 오라는데 안 갈 수도 없잖냐, 가는 거다. 응?"

상록이 대답을 미루고 머뭇거리자 명진이 끼어들었다.

"와 그럼 됐네. 나 안 그래도 바람 쐬러 어디든 좀 다녀오려고 했는데. 경주는 중학생 때 수학여행으로 가 보고 처음이네? 가자 애들아."

상록과 정도는 호들갑 떠는 명진을 보며 갈등했다. 동국이 그들을 게슴츠레 뜬 눈으로 보며 한마디 덧붙였다.

"너네 혹시 1학기 성적이 엉망이라 용돈 타낼 자신이 없어서 그러는 건 아니지?"

상록과 정도는 뜨끔해서 서로의 얼굴을 쳐다보다가 과장스레 웃었다. 정도는 손사래까지 쳐 가며 발끈했다.

"무슨 말씀이세요. 요즘처럼 등록금이 하늘을 찌르는 시기에 수업 하나 펑크내면 손해가 얼만데요. 그리고 모르시나 본데 우린 용돈 정도는 우리가 벌어서 쓴다구요."

동국은 가만히 후배들의 눈을 들여다보고 있다가 천천히 시선을 거뒀다.

"그럼 뭐, 얘기 다 된 거네. 이번 주 금요일에 내려갔다가 일요일에 올라오는 걸로 하자. 1학년 애들한테 얘기 해."

상록과 정도는 뭐가 어떻게 돌아가는 건지 감이 잡히지 않는데도 그저 고개만 끄덕일 수밖에 없었다. 명진은 성적 얘기가 나오자 괜히 불똥이 자신에게까지 튀는 게 아닐까 싶어 조마조마했는데 이야기가 매듭지어지는 것 같아 겨우 숨통이 트였다. 역시 동국은 후배들의 아킬레스건을 꽉 쥐고 있는 게 분명했다.

서울역은 거대한 우주기지 같았다. 필동은 제각각 짐을 들고 역을 드나드는 사람들을 구경하는 재미에 푹 빠져 있었다. 반년 전만 해도 서울이란 곳이 얼마나 낯설었던가. 사람들의 표정은 딱딱하지, 차는 징그러울 정도로 많지, 길은 또 얼마나 복잡한지……. 그런 곳에서 아무렇지 않게 돌아다니는 서울 사람들은 마치 설정된 경로를 따라 움직이는 사이보그처럼 보였다. 필동은 답사를 고향과 가까운 경주로 간다는 말을 들었을 때부터 한껏 들떠 있었다. 이참에 경주를 둘러보고 고향인 포항으로 가서 한동안 지내다 올라올 작정이었다. 서울에서 사귄 사람들도 좋긴 하지만 아무래도 아직은 고향 친구들이 더 그리웠다. 무엇보다 명색이 유학인데 '서울물' 먹은 티를 내고 싶어 입이 근질근질했다.

바른생활 사나이답게 상록이 15분이나 일찍 나타났고 정도와 학림, 그리고 명진이 뒤를 이었다. 약속 시간이 다 돼 가는데도 동국과 금강은 연락이 없었다. 상록이 전화를 걸어보려는 순간 멀찍감치서 뒤뚱거리며 걸어 오는 동국의 모습이 보였다. 상록은 그럼 그렇지, 라고 중얼거리며 휴대폰을 주머니에 도로 넣었다. 굼뜨긴 해도 약속시간을 어기는 일은 거의 없는 사람이었다. 이제 문제는 금강이었다. 필동과 학림이 계속해서 번갈아 전화하고 있는데도 통화가 되지 않았다. 다른 사람들은 지하철역과 택시 승강장 쪽을 바라보며 밀려드는 인파 속에서 금강을 찾아내기 위해 목을 길게 내밀었다. 그때 넋놓고 한 곳을 바라보고 있던 명진이 기가 막힌다는 듯 소리를 질렀다.

"쟤 정말 왜 저러냐?"

일행은 동시에 명진이 턱짓으로 가리키는 곳을 봤다. 택시 승강장에서 어떤 여자가 챙이 넓은 빨간색 페도라와 잠자리 선글라스로 얼굴을 절반이나 가리고 모범택시에서 내렸다. 여자는 하늘거리는 분홍색 원피스에 10센티미터는 족히 돼 보이는 하이힐 차림이었다. 택시 기사가 트렁크에서 꺼낸 캐리어는 자그마치 세 개나 되었다. 누구도 그게 금강이라고는 생각지 못했다. 그러나 명진은 여자 대 여자의 직감으로 바로 알아차렸다.

"필동, 학림. 얼른 좀 가봐."

명진의 호령에 둘은 냉큼 달려가 짐을 빼앗아 들고 돌아왔다. 금강은 뒤늦게 하이힐을 또각거리며 다가와서는 짜증부터 냈다.

"도대체 여행 콘셉트를 왜 아무도 말 안해 주는 거죠? 다들 그냥 답사라고만 하면 어떡하냐구요. 뭐가 필요한지 몰라서 이것저것 싸다 보니 늦었어요. 나한테 뭐라 하지 마요."

명진은 금강의 얘기를 듣지도 않고 그 자리에서 캐리어를 모조리 열어젖혔다.

"언니!"

금강이 말리려 했지만 소용없었다. 명진은 믿기지 않을 만큼 빠른 손놀림으로 짐을 나누더니 캐리어 하나를 챙기고 금강에게 옷 한 벌을 내밀었다. 나머지 두 개의 캐리어는 한쪽으로 제쳐 두고 금강에게 말했다.

"빨리 화장실 가서 갈아입고 와."

명진이 금강의 캐리어에서 꺼낸 것은 가벼운 티셔츠와 청바지, 그리고 운동화 한 켤레가 전부였다. 금강은 금방이라도 울음을 터트릴 것 같았다.

"너넨 가서 이것들 물품보관소에 맡겨. 답사 다녀올 동안엔 쓸모 없는 것들이야."

필동과 학림은 명진이 그렇게 정색하고 말하는 걸 본 적이 없었다.

주춤거리다가는 저희도 한 소리 들을까 싶어 부리나케 뛰어갔다. 금강은 뭐라고 얘기는 못하고 입술만 삐죽거리다가 화장실로 갔다. 명진이 혀를 쯧, 차고 돌아봤을 때 동국과 상록과 정도, 이렇게 남자 셋은 놀란 눈을 하고 명진을 바라보고 있었다.

"뭐야, 그 이상한 눈빛들은?"

명진이 눈을 크게 부릅뜨며 따지자 다들 시선을 피했다. 그러나 동국은 신기한 것을 봤다는 듯 신이 나 있었다.

"오올, 너도 한 카리스마 하는데? 근데 어째 유독 금강이한테만 그러는 것 같다?"

"오빠가 자꾸 오냐오냐하니까 제멋대로잖아. 상록이가 뭐라 그러기를 해, 그렇다고 정도가 가르쳐? 그저 예쁘장한 여자 후배라고 헤죽거리기나 하지."

"야, 우리가 헤죽거리긴 뭘 또 언제 헤죽거렸냐?"

"맞어. 그리고 한 학번 차인데 혼내고 말고 할 게 뭐 있어. 그냥 같이 잘 지내면 좋잖아."

상록과 정도가 앞다투어 변명했다.

"얼씨구? 그럼 필동이나 학림이한테도 그렇게 자상한 선배가 되어 주셔야지? 안 그래?"

명진이 비꼬는데도 상록과 정도는 마땅한 대답을 찾아내지 못했다.

"한명진 완승!"

동국이 명진을 향해 엄지를 추켜세웠다.

"오빠도 잘한 거 없다니까!"

동국은 그만 머쓱해져 말을 돌렸다.

"음…… 상록아 차 시간 다 되지 않았냐? 얼른 들어가자."

필동과 학림이 금강의 짐을 물품보관소에 맡기고 돌아왔고 금강도 옷을 갈아입고 합류했다. 물품보관소로 가지 않은 나머지 치렁치렁하던 옷은 캐리어에 잘 개어 넣었다. 그제야 누가 보더라도 학술답사를 떠나는 대학생들이라 할 만해졌다.

다들 기차여행이 오랜만이라 들뜬 얼굴이었다. 금강도 조금 전의 일을 잊은 듯 방학 동안 여행을 다닐 거네 어쩌네 하며 재잘거렸다. 동국은 '홍익회 아저씨'가 안 오나 출입구 쪽을 눈이 빠져라 쳐다보고 있었다. 상대적으로 기차를 자주 탄 필동이 눈치를 채고 말했다.

"형, 요새는 매점칸이 따로 있어요."

"뭐? 아, 이런…… 기차 여행은 카트 지나갈 때 뭐 사먹는 재미로 하는 건데."

기차가 출발하자 동국은 맨 먼저 매점칸을 들러 군것질 거리를 잔뜩 안고 돌아왔다. 그러고선 나눠 먹을 생각도 하지 않고 과자 봉지 하나를 꿰찼다. 이젠 익숙한 장면이라는 듯 아무도 별 반응을 보이지 않았다.

"형, 근데요, 우리 학교는 캠퍼스를 왜 경주에 만들었어요? 딴 학교들은 수도권이나 뭐…… 멀리 가도 충청도에 있는 것 같던데."

필동이 동국에게 물었다. 동국은 초코바 하나를 막 뜯어 입으로 가져가는 중이었다. 마침 금강과 학림도 궁금해하던 얘깃거리라 동국을 쳐다봤다. 동국은 잠시 동작을 멈추고 가만히 생각해 보더니 대답 대신 질문을 되던졌다.

"넌 경주 하면 뭐가 제일 먼저 떠오르냐?"

"불국사나 석굴암, 뭐…… 천마총…… 첨성대……."

"응, 잘 아네. 바로 그래서 그런 거야."

"네?"

동국은 거기서 얘기를 그만둬 버리고 초코바를 크게 한입 베어 물었다. 필동과 1학년들은 어리둥절해져 2학년 선배들을 바라봤다. 정도가 대답을 대신 해주려는 듯 동국의 말을 이었다.

"불국사와 석굴암이 제일 먼저 떠올랐으면 감이 잡힐 텐데?"

"아……."

필동과 학림은 그제야 고개를 끄덕였다. 외국에서 살다 온 금강은 여전히 이해되지 않는 표정이었다. 정도가 특유의 진지한 말투로 계속해서 얘기했다.

"우리 학교가 불교 종립학교고 경주가 불교랑 제일 밀접한 곳이라서 그런 것도 있지만 한의예과를 꼭 만들려고 했대. 당시만 하더라도 우리 학교에는 의과대학이 없었고 전국적으로 한의학과가 있는 대학이 몇 군데 안 됐거든. 그러다보니 경주는 가까이 대구에 약령시가 있기도 하고 두루두루 조건이 들어맞았던 거지. 아마 개교는 1978년에 했을 거야. 처음엔 경주대학이었대. 경주 캠퍼스가 된 건 3년 뒤고. 학과는 10개밖에 없었고 학생도 400명뿐이었는데 지금은 엄청 커진 거야."

필동과 학림은 다시 고개를 크게 끄덕였고 금강은 별로 재미 없다는 듯 창밖 풍경을 바라봤다. 기차가 어느새 한강을 지나고 있었다.

창밖 풍경도 지겨워졌을 때쯤 모두 약속이나 한 듯 잠에 빠졌다. 그렇게 네 시간 정도 더 흐른 뒤, 객차 스피커에서 경주역에 도착했다는 안내방송이 나왔다. 조금 전에 잠에서 깨 MP3로 음악을 듣고 있던 명진이 일행을 깨웠다.

"자자, 일어나. 천년의 고도 경주에 오신 걸 환영한다잖아. 언제까지 곯아떨어져 있을 거야."

기차가 플랫폼에 멈춰서고 5자회 일행은 잠이 덜 깬 얼굴로 내렸다. 여름 햇살이 그들의 머리 위로 강하게 내리쪼였다. 누가 먼저라 할 것 없이 뙤약볕을 피해 역사로 들어갔다.

"형, 이제 뭐해요?"

상록이 눈을 부비며 동국에게 물었다.

"나와 있겠다고 했는데……."

동국은 작은 안경을 만지작거리며 역사 바깥을 내다봤다.

"야, 신동국!"

누군가 일행의 뒤에서 동국을 불렀다. 20대 후반이나 30대 초반으로 보이는 여자였는데 목소리만큼이나 차림새가 발랄했다. 동국은 그녀를 보자마자 다가가서는 손을 덥석 잡았다.

"누나, 진짜 오랜만이에요."

5자회 멤버들은 동국의 입에서 '누나'라는 말이 나오자 생소하다는 듯 서로 눈빛을 주고받았다.

"인사들 해. 고고미술사학을 전공하시는 91학번 송원효 선배님이셔."

91학번!

모두들 깜짝 놀랐다. 서른 언저리로 밖에 보이지 않는데 91학번이면 마흔이 다 된 나이였다. 명진과 금강은 부럽기까지 했다. 같은 여자로서 관리를 얼마나 잘했으면 싶어 강한 호감을 느꼈다. 나이와는 달리 생기발랄한 얼굴과 말투에 남자 멤버들도 단번에 빠져 버렸다. 동국은 넋을 놓고 있는 후배들을 보다가 인사를 하지 않고 뭐 하느냐며 따끔하게 나무랐다. 마치 연예인이라도 본 듯 멤버들은 다가가서는 경쟁적으로 자기 소개를 올렸다. 원효 선배도 반갑다며 일일이 악수를 해 줬다.

"근데 동국아 어떡하니? 차가 작아서 다 탈 순 없겠는데? 누가 여기서 좀 기다리면 한 번 더 왔다갔다하면 될 것도 같고……."

"아뇨, 번거롭게 뭐 하러 그래요. 애네들은 버스 타고 따라 올 겁니다."

동국은 상록과 정도, 필동과 학림을 쳐다봤다. 원효 선배가 몰고 온 경차에는 동국과 명진, 금강만 타게 되는 것이었다. 졸지에 낙오하게 된 넷은 당황했다. 그러거나 말거나 동국은 계속 떠들었다.

"누나, 배고프니까 우선 뭘 좀 먹으러 가죠? 애들한테 학교 구경도 시켜줄 겸, 진흥관 식당에서 해장라면 한 그릇 어때요? 야, 정말 오랜만에 가 보겠네. 거기 여전하죠?"

원효 선배가 난감한 표정으로 대답했다.

"넌 모처럼 선배를 만나서는 겨우 라면이나 사달라고 하니? 후배들이 흉보겠다 얘."

"아니에요. 우리 애들한텐 1500원짜리 라면도 감지덕지예요. 저희 5자회의 모토가 자급, 자족, 자생…… 음…… 상록아 또 뭐였지?"

"자생이 아니라 자성, 자긍, 자존입니다."

상록이 볼멘 소리로 대꾸했다. 동국이 그 말을 듣고는 멋쩍은 듯 소리내어 웃었다.

"하하하. 아무튼…… 자급, 자족, 자성, 자긍, 자존이거든요. 그러니까 무슨 말인가 하면, 비싸고 좋은 건 우리 체질에 안 맞다는 거죠."

"하여간 넌 옛날부터 별 희한한 걸 다 하더라. 그래서 5자회야? 난 멤버가 다섯 명인가 했네. 독수리 5형제처럼 말야."

원효 선배가 일행을 둘러보며 말하곤 활짝 웃었다. 그리 웃긴 얘기가 아니었는데도 모처럼 여행을 온 기분에 모두들 와자하게 웃었다.

얘기했던 대로 선발대는 차에 타고 먼저 출발했고 후발대는 버스를 타러 터벅터벅 정류장을 향해 걸어갔다. 다들 낯선 곳에서 버스 번호 하나 달랑 가르쳐 주고 떠난 동국이 야속했다. 그러나 명진과 금강더러 버스를 타라고 할 수도 없는 노릇이었다. 그나마 포항 출신인 필동이 경주 지리에도 익숙해 다행이었다.

필동과 일행은 캠퍼스에 도착해 정문에서 길을 물었다. 정문 경비실에서 일러준 대로 본관을 향해 300여 미터 직진하다가 왼쪽으로 다시 100미터 정도 가자 진흥관이 나왔다. 일행은 서울 캠퍼스보다 더 넓고 탁 트인 정경에 놀랐다.

"오르막길도 가파르지 않고 서울 캠퍼스보다 넓고 더 좋은걸?"

학림이 감탄하자 정도가 농담 반 진담 반 삼아 말했다.
"야, 모르는 소리 하지 마. 서울 캠퍼스도 쫙 펼쳐 놓으면 넓어."
경주 캠퍼스를 구경하며 시시껄렁한 잡담을 나누는 사이 진흥관 식당에 도착했다. 동국 일행은 음식을 시키지도 않고 기다리고 있었다. 당연한 일인데도 동국의 표정이 좋지 않았다. 상록은 원효 선배가 기다리자고 한 게 분명하다고 생각했다. 그런 게 아니었다면 동국은 이미 두 그릇 정도는 비우고 배를 두드리고 있었을 것이다. 원효 선배가 손을 들어 반겨 주었고 라면은 오래 걸리지 않아 나왔다.

동국이 라면으로 끼니를 때우자고 한 이유는 따로 있었다. 경주까지 이른바 답사를 왔으니 이곳저곳 둘러보자는 것이었다. 이야기를 듣고 있던 원효 선배가 조언을 해줬다.

"나 같으면 동대 학생이니까 불국사부터 가보겠어. 거기 석가탑에서 세계에서 제일 오래된 목판 인쇄물이 나왔는데 그게 바로 《무구정광대다라니경》이야. 옛날에 우리 학교에서 정부랑 그거 복원한다고 엄청 고생했거든. 불국사가 좀 멀다 싶으면 뭐, 시내에서 가까운 데도 많아. 대릉원, 안압지, 반월성, 경주국립박물관, 첨성대…… 조금 힘들어도 다 걸어다니면서 볼 수 있다니까. 경주가 옛날부터 땅바닥에 삽만 갖다 대면 유물이 튀어나온다는 곳 아니니. 아, 난 경주가 너무 좋아."

원효 선배는 또 나이를 잊고 소녀 같은 감탄사를 터뜨렸다. 도저히 91학번이라고는 믿기지 않을 만큼 천진난만한 모습에 다들 어안이 벙벙했다. 동국이 채근해서 상록이 준비된 일정표를 꺼냈다. 두 명씩 조를 짜서 각각 가보고 싶은 곳을 다녀오기로 하고 저녁에 모인다는 계획이었다. 저녁시간에는 원효 선배의 주선으로 경주 캠퍼스 총동아리연합회인 '생기발랄' 집행부 학생들과 미팅이 있었다.

"밍기적대는 동안 해 떨어지겠다. 얼른 움직이자."

상록이 모처럼 5자회 회장답게 말했다. 명진은 상록이 말 없이 준비해온 것들을 보고선 듬직하다는 인상을 받았다. 겉멋만 들어서 쓸데없이 카리스마를 내뿜는 줄 알았지만 일을 준비하고 진행할 때만큼은 어른스러워보였다. 동기로서 아무것도 도와주지 못했다는 미안함에 말을 거들었다.

"그럼 난 금강이 데리고 대릉원 갔다올게. 내가 먼저 찜했으니까 다들 딴 데 알아보셔. 상록이 넌 필동이랑 움직일 거지? 둘이 은근히 잘 어울린다니까. 그럼 학림이는 정도 따라 가면 되겠네. 빨리 가자."

사실 상록이 짜 온 계획표에는 팀 배정이 조금 달랐다. 명진과 자신이 한 팀이었고 필동과 금강이 한 팀이었다. 조금 미안했지만 정도에게는 학림을 배정해 줄 수밖에 없었다. 그런데 명진이 제멋대로 정해 버렸고 그런 상황에서는 이의를 제기할 명분도 궁색해졌다. 어찌어찌해서 다들 출발하게 됐고, 동국은 답사지를 향해 떠나는 후배들을 보면서 슬며시 미소를 띠었다.

"애들이 똘똘하네?"

원효 선배가 동국에게 말했다.

"네, 꼭 저 1학년 때를 보는 것 같다니까요."

"웃기시네. 할 줄 아는 거라곤 공부가 다였다는 걸 누가 모를 줄 알고? 넌 누가 봐도 그냥 범생이야."

"아니 무슨 말씀이세요. 제가 얼마나 잘나갔는데."

"음…… 야, 그러지 말고 명진이 쟤 어때? 너한테 관심 있는 것 같은데? 같은 여자끼린 다 보인단 말이지. 아까 라면 먹을 때 단무지를 네 쪽으로 밀어 놓는 걸 보고 딱 알아봤어. 금강이란 애는 좀 어려 보이고……"

"누나! 행여 애들 듣는 데서 그런 말 마세요. 나랑 저 애들이랑 엮으면 그건 범죄죠. 누나야말로 여태 결혼도 안하고 뭐해요? 내일 모레면 마흔인데……"

동국이 얼굴을 울그락불그락거리며 소리를 질렀다.

"아니 근데 이자식이 오랜만에 나타나서는……"

원효 선배가 동국의 엉덩이를 걷어찼다. 지나가던 사람들이 둘을 보고는 어디서 코미디라도 찍으러 왔나 싶어 눈길을 떼지 못했다.*

---

* 신현대 2001년 세계일보 신춘문예 소설 당선

5자회, 작가에 도전하다

시원한 바람이 기분 좋게 불어오는 9월의 어느 날이었다. 5자회 멤버들은 갑작스럽게 상록이 호출하는 바람에 만해시비 앞 쉼터에 모였다. 처음 동아리에 가입했을 땐 무슨 보트피플도 아니고 동아리방도 없는 신세가 너무 처량하다며 한탄하던 신입생들도 이젠 학교 곳곳의 쉼터나 빈 강의실을 동아리방으로 삼는 생활에 제법 익숙해졌다.

"그런데 왜 갑자기 부른 거예요? 동국이 형이 모이자고 했다면서요? 무슨 일이지……?"

벤치에 앉은 학림이 팔을 한껏 뒤로 젖히고 기지개를 켜며 상록에게 물었다. 먼저 모이자고 했음에도 상록은 학림의 말은 듣는 둥 마는 둥 팔짱을 낀 채 학림관에서 팔정도로 올라오는 오르막길에만 계속 눈길을 주었다. 마치 누군가를 향해 잔뜩 벼르고 있는 모습이어서 평소 같으면 깐죽거리며 캐물었을 학림도 더는 묻지 않고 입을 다물었다.

"동국이 형이 뭐 한마디 할 것 같은데? 어제 전화해 봤더니 그냥 모이는 거지 뭐, 이러면서 심드렁하게 말하더라구. 분명히 터트리고 싶은 말이 있는 거야."

캔커피를 홀짝이던 정도가 대신 대답했다.

"우와, 형은 목소리만 듣고도 다 알아요?"

주말에 이삿짐센터 아르바이트를 뛰고 있는 필동이 욱신거리는 오른쪽 어깨를 빙빙 돌리며 물었다. 아무리 체력이 좋은 필동이라도 주말에 그렇게 무리를 하고 나면 며칠은 몸이 쑤셨다.

"그 형이 진지하게 말하면 거진 반은 장난이야. 심드렁하게 그냥 뭐, 이러면 실제론 뭔가 있는 거지."

"엠티 가자는 이야기면 좋겠다. 날씨 진짜 좋은데."

금강은 손차양을 만들어 이마에 붙이고 푸른 하늘을 올려다보며 말했다.

금강이 가을 엠티 이야기를 꺼내자 화제는 곧 신입생들의 첫 엠티 이야기로 옮겨갔다. 술을 얼마나 마셨는지 돌아오는 버스 안에서도 계속 속이 울렁거린 이야기며 취하고 정신없이 노는 와중에도 한순간에 스파크가 튀어 탄생한 커플들의 비화들, 남학생들끼리 한 여학생을 두고 주먹다짐한 무용담 같은 것들이 줄줄이 이어졌다. 상록은 평소 같았으면 자신의 이야기를 각색하고 윤색해서 신나게 떠들었겠지만 오늘은 멀찌감치 떨어져 오르막길만 바라볼 뿐이었다.

상록의 눈썹이 살짝 올라간다 싶더니 한순간에 얼굴 표정이 좀 더 심각하게 일그러졌다. 동국과 명진이 나란히 걸어오고 있는 모습이 그의 눈에 들어온 것이었다. 명진은 무엇이 그리 재밌는지 동국이 입을 열 때마다 까르르 웃었다. 상록은 저도 모르게 손에 쥔 캔을 우그러뜨리며 벌떡 일어났다. 그리고 동국과 명진이 가까이 다가오자 그 앞에서 소리를 버럭 질렀다.

"형, 왜 이렇게 늦어요! 형이 이렇게 자꾸 늦으면 후배들한테 모범이 안되잖아요. 명진이 너도 시간 좀 지켜!"

상록이 분에 못 이긴 듯 마구 내뱉는 말을 듣고도 동국은 능글맞게 웃으며 뒤통수를 긁었다.

"그게, 오늘 늦잠을 자는 바람에."

"이상하네. 그런데 왜 둘이 시간 딱 맞춘 것처럼 같이 올까?"

금강이 딴청부리는 척하면서 이기죽거렸다.

"오빠하고는 지하철역에서 우연히 만났어. 그리고 내가 언제 제 시간에 오는 거 봤어? 내가 지각이라도 해야 미안해서 이렇게 너네한테 간식도 쏘고 그러지."

명진이 손에 든 봉지를 높이 들어보였다. 봉지 안에서 고소한 냄새가 스멀스멀 새어 나왔다. 상록은 생글생글 웃는 명진 앞에서 더는 화를 낼 수가 없어서 팔짱을 낀 채 아무 말도 하지 않았다.

명진이 손에 쥔 비닐봉투에서 직접 만들어온 참치 샌드위치를 꺼내자 신입생들은 후다닥 하나씩 집어 들었다. 동국도 통통한 볼이 더 통통해지도록 샌드위치를 한가득 베어 물었다. 상록은 아침 먹은 게 조금 얹힌 거 같다며 명진이 내미는 샌드위치를 마다하고 한쪽 구석으로 가 앉았다.

동국은 샌드위치를 먹느라 정신이 없는 것처럼 보였지만 곁눈질로 심각한 표정을 짓고 있는 상록을 살피고 있었다. 상록이 전에 없이 신경질을 부리고 있는 이유를 동국이 모르지는 않았다. 말할 것도 없이 명진이 때문인 게 틀림없었다. 얘길 들어보면 명진도 상록의 마음을 모르는 게 아니었다. 그러나 명진은 아직 연애 같은 덴 별로 관심이 없고 연극이 훨씬 좋다고 했다. 열정은 높이 살 만했지만 무대 밖의 연애와 무대 위의 연기가 꼭 별개는 아니라는 게 동국의 생각이었다. 동국은 방금 전에도 걸어오면서 사랑을 모르고 어떻게 연기가 나오느냐며 능글맞게 충고했다. 그러거나 말거나 명진은,

"오빠한테 그런 말 들으니까 되게 웃기다."

라고 하더니 손바닥으로 동국의 팔뚝을 두들기며 웃었다.

"형, 근데 오늘은 왜 모이자고 한 거예요?"

정도가 샌드위치를 먹다 말고 느닷없이 묻자 동국은 사레가 들어 기침을 여러 번 했다.

"야, 뭐가 그렇게 급해? 일단 배부터 좀 든든하게 채우고 이야기하자. 나 허겁지겁 오느라 아침도 못 먹었어."

"그럼, 좀 일찍 오든가요."

투덜거리는 상록을 보고 동국이 씩 웃었다.

"알았어, 미안하오."

상록은 웃는 동국의 얼굴을 향해 더 화를 내다가는 아무래도 남들이 이상하게 볼 것 같았다. 암묵적으로 경고를 보냈으니 그만하면 동국도 알아들었으리라 생각했다. 상록은 분위기를 바꾸기로 하고 우선

자리에서 일어났다.

"그래, 그럼 어쨌든 다 모였으니까 오늘 모인 이유는 내가 말할게. 지난번에 동국이 형이랑 둘이서 이야기하다가 이 생각을 했는데, 그러니까 책상머리에 앉아 100만 원을 버는 아르바이트가 있어. 아니, 운이 좋으면 천만 원도 벌 수 있지. 그러면 우리 5자회의 팔자도 확 피는 거야."

상록이 양손을 조심스럽게 비비더니 손가락으로 만해시비를 가리켰다.

"자, 여기 만해시비에 오늘 아르바이트의 비밀이 있어."

"만해시비 밑에 보물이라도 있대요?"

필동이 상록에게 대꾸하는 말을 듣고 다른 멤버들이 픽 웃음을 터트렸다.

샌드위치를 어느새 다 먹어치운 동국이 느릿느릿한 목소리로 말문을 열었다.

"맞아, 한용운 시비를 파면 그 밑에 님의 침묵 원본이 보관된 타임캡슐이 있대. 그걸 내다 팔면 천만 원이 아니라 1억은 벌 걸."

"썰렁한 농담하지 말고요. 진짜 그 돈 버는 방법이 뭐예요. 저도 요즘 좀 궁하긴 하거든요."

학림이 따따부따 따지는 말투로 묻자 동국과 상록은 잠시 요놈 봐라 하는 눈으로 후배를 쳐다보았다.

상록은 다시 헛기침을 한 번 하고는 말을 이었다.

"10월 말쯤에 학교 신문사가 주관하는 문학상이 있어. 소설을 써도 되고 시를 써도 되지. 우리 5자회 멤버라고 상을 못 받는단 법은 없잖아? 철학과였던 동국이 형도 2학년 때 받았다는 거 아니야."

"혀엉, 그건 정도 형 같은 국문과 학생이나 동국이 형처럼 원래 글을 써 본 사람이 하는 거죠. 우리 같은 신입생이 무슨 소설을 쓰고 시를 써요. 전 인터넷에 댓글 다는 것도 귀찮은데요."

필동이 당장의 번거로움만 생각하고 투덜거렸다. 그러나 같은 신입생인 학림은 달랐다. 그는 얘기를 듣자마자 해볼 만한 일이다 싶어 머릿속으로 계산을 해봤다. 다들 고만고만한 수준이니 조금만 더 신경을 쓴다면 가능성이 있을 터였다. 벤치에 등을 기대고 있던 동국이 늘어지게 하품을 하더니 한 마디 툭 내뱉었다.

"뭘, 그렇게 어렵게 생각하냐. 너흰 가능성이 있어. 남산 자락이 원래 풍수지리적으로 볼 때 예술의 기운이 흐르는 산이거든. 그 기운의 아래에 있는 대학에 다니면 자연스럽게 기가 충만해지는 거지. 시나 소설이 별거냐? 그냥 쓰면 돼."

동국의 말을 받아서 이번에는 정도가 말했다.

"맞아, 여기 님의 침묵 시비가 세워진 한용운 시인만 유명한 게 아니야. 「오동곡」이란 서사시로 이름을 날린 중앙불전 1회 졸업생 강유문 시인은 졸업생 스물네 명 프로필을 시로 읊었어. 시가 생활이었던 거지. '스물 세 해 동안 나를 키운 건 팔할이 바람이다'라고 쓴 서정주 시인이나 '파르라니 깎은 머리'의 「승무」 조지훈 시인은 또 어떻고. 1950년대 이후로는 「가난한 사랑 노래」나 「농무」 같은 서민들의 삶과 애환을 드러낸 시를 쓴 신경림 시인이 있지. 소설가로는 너희도 잘 알겠지만 「태백산맥」, 「한강」 등을 쓴 조정래 작가와 「삼포 가는 길」, 「장길산」 등을 쓴 황석영 작가도 있고. 그 외에도 우리 대학 출신 문인들은 너무 많아서 헤아릴 수가 없을 정도야. 그 분들도 다 우리 같은 젊은 시절이 있었고 우리랑 비슷한 고민을 했을 거야. 그걸 글로 쓰니까 작품이 된 거고 작가로 이름을 남길 수 있게 된 게 아니겠냐고."

정도의 말이 끝나자 금강이 갑자기 손뼉을 치며 말했다.

"재밌겠다, 나는 시를 쓸래. 벌써 막 시상이 떠오르는데? 달디 단 커피가 마음에 시리게 붉어지니 아, 가을의 여자여. 참, 명진 언니도 할 거죠?"

"나? 나는 글쎄……."

명진은 그저 눈을 반달처럼 뜨며 웃기만 했다.

"언니는 매일 밤늦게까지 미드랑 일드 보니까 얼마나 소설을 잘 쓰겠어요."

"야, 그건 연기 공부하느라 보는 거고……."

명진이 말끝을 흐리며 대답했다.

"형 근데요, 저흰 소설은 고사하고 일기도 제대로 쓴 적 없어요. 써 본 글이라곤 죽어라고 쓴 논술이 전부예요."

학림의 말을 듣고 동국은 싱긋 미소를 지었다.

"동국문학상 별거 아니야. 나도 그냥 투고해 봤는데 상을 받았다는 거 아니니."

동국의 말을 듣고 다들 투덜거리자 상록이 다시 목청을 높였다.

"우선 해 보자고. 아직 두 달이나 남았잖아. 그러니까 우선 너희들도 오늘은 곰곰이 혼자서 아무 생각이나 해 봐. 어떤 걸 소설이나 시로 써야 좋을지. 한 일주일 정도만 생각해 보고 그 다음에 그만둬도 되잖아."

상록이 그렇게 일단락을 짓는 분위기로 이끌어 가자 5자회 멤버들답게 어떻게 흘러가든 다들 시작은 해보기로 동의했다.

그날 오후 5자회의 멤버들은 동국의 말대로 혼자서 골똘히 생각에 잠기는 시간을 가져보기로 마음먹었다. 신입생들은 따지고 보니 대학에 들어와서 학기 초에는 이런저런 행사 때문에 정신이 없어서, 또 그 다음에는 나만 뒤쳐져서는 안된다는 불안감에 시간을 쪼개 공부하느라 따로 생각이란 걸 할 여유가 없었다.

2학년생인 정도는 신입생들과 달리 오히려 고민할 일이 너무 많아 탈이었다. 곧 군대도 가야했고 남들 못지않게 취업 걱정도 많았지만 한편으로는 글을 쓰고 싶은 욕심이 자꾸 생겼다. 이런저런 생각으로 머릿속이 복잡해지면 정도는 혼자 명진관 3층으로 올라갔다.

동국대 본관이었던 명진관은 지금은 문과대와 이과대 건물로 쓰고 있다. 50년이 넘은 석조 건물은 아담하고 고즈넉한 풍취가 감돌지만 준공 당시엔 대규모 학사라고 했다. 오래된 건물이라서 그런지 명진관 안에 들어서면 정도는 마음이 편안해졌다. 정도는 창문마다 달린 널찍한 나무 창턱에 앉아 교정을 내려다보는 걸 좋아했다. 그곳에서는 자기 또래의 수 많은 대학생들의 삶과 숨결이 한눈에 보였다.

5자회 모임이 끝나고 정도는 역시나 명진관 3층으로 올라가 널찍

한 창턱에 올라 앉았다. 창밖을 내다보니 팔정도와 불상이 눈앞에 훤히 펼쳐졌다. 여덟 개의 길 팔정도를 바라보고 있자니 정도는 머리와 마음이 맑게 씻기는 기분이 들었다. 작은 다락방처럼 여겨지는 그 창턱에 앉아 정도는 종종 시나 소설을 읽기도 했고 여러 번 생각에 잠기기도 했다.

정도가 처음부터 글을 쓸 생각으로 국문과에 입학한 건 아니었다. 입학하고 나서야 동국대 국문과나 동대출신 문학인이 많다는 말을 들었지 동국대 국문학과를 택한 건 사실 수능 점수와 내신에 따른 결정이었다. 물론 원래 국어 점수가 좋은 편이었고 열 살 차이의 막내 삼촌이 졸업선물로 사 준 조정래의 『태백산맥』을 책장에 침 묻혀 가며 읽기도 했다. 하지만 작가가 되고 싶다고 생각한 건 얼마 되지 않았다.

새 학기가 시작된 어느 날 정도는 동대입구 지하철역에서 내려 중문으로 향했다. 전날 심하게 몸살을 앓아 가파른 언덕으로 이어진 중문 가는 길을 오르기가 유달리 힘에 부쳤다. 정도는 잠시 언덕 중간에 멈춰 서서 중문으로 올라가는 수많은 대학생들을 물끄러미 바라보았다.

'모두들 서둘러 언덕을 올라갔다. 그 너머에는 문이 있었다. 한 사람이 언덕에서 잠깐 멈춰 서서 호주머니에 양손을 집어넣었다.'

문장 몇 줄이 정도의 머릿속에 맴돌았다. 하지만 강의 시간에 늦었기에 정도는 잠시 숨을 돌리고 다른 학생들처럼 서둘러 중문으로 향했다.

그날 수업이 모두 끝나고 정도는 대운동장 쪽으로 내려가다 우연히 과 선배 누나를 만나 함께 내려갔다. 평소에 인사 정도만 하는 사이라서 몇 마디 말이 오가다 뚝 끊어지고 정적만 이어지곤 했다. 서먹한 침묵이 또 길어질 무렵에 정도의 입에서 글을 쓰고 싶다는 말이 무심코 튀어나왔다. 그 말을 듣고 선배 누나는 어떤 글을 쓰고 싶은 거냐고 상냥하게 되물었다. 정도는 농담이라고 손사래를 치고 그냥 웃고 말았지만 그 뒤로도 소설을 써 보고 싶다는 마음이 자꾸 들었다. 특히 입대 전에 무언가를 꼭 남겨 보고 싶었다. 정도는 창턱에 앉아 소설로 쓸 한 남자의 이야기를 구상했다.

'그는 사람들과 함께 언덕을 오르다 잠깐 걸음을 멈추었다가는 뒤로 걷기 시작했다. 그의 걸음이 향한 곳은 앞이 아니었으나 그 나름의 의미로는 분명히 저 너머였다.'

샌드위치로 점심을 때워서 그런지 네 시쯤 되자 필동은 배가 출출해졌다. 하지만 혼자 밥 먹는 일은 영 내키지가 않아서 정각원에서 학교 식당 상록원 쪽으로 걸어가다 금강에게 문자메시지를 보냈다.

- 시는 썼냐?

상록원 앞까지 걸어갈 때까지도 금강에게는 답장이 오지 않았다. 필동은 호주머니에서 휴대폰을 꺼내 학림에게 문자메시지를 보내려다 그만두었다.

'사사건건 투덜거리는 놈하고 먹느니 차라리 혼자 먹고 말지.'

룸비니관 앞에 이르렀을 때 필동은 나무 벤치에 앉아 있는 금강을 발견했다. 금강은 턱을 괸 채로 눈앞에서 목을 길게 빼고 돌아다니는 비둘기를 관찰하고 있었다. 필동은 금강이 앞에 있어 반가웠지만 그러면서도 짐짓 그런 티를 내고 싶지는 않았다.

"어라, 여기서 뭐해?"

필동이 옆자리에 털썩하고 앉는 바람에 비둘기는 푸드덕거리며 요란스럽게 달아나 버렸다.

"너 때문에 놓쳤잖아."

"뭘 놓쳐?"

"비둘기를 관찰하면서 시상을 떠올리고 있던 참이었단 말이야."

"그래, 둘이 꼭 닮았다. 둘 다 외모가 별로지."

"확, 맞는다."

"그나저나 문자는 왜 씹어?"

금강은 미간을 살짝 찌푸리고는 호주머니에서 휴대폰을 꺼냈다.

"미안, 온 거 몰랐어. 내가 너무 비둘기한테 푹 빠져 있었나 보네."

"비둘기가 너한테 무슨 말이라도 하디?"

"구구구구. 그게 전부."

금강이 평소와 다르게 기운 없는 목소리로 말하고는 자리에서 일어섰다. 필동은 요즘 들어 금강이 가끔 귀여워 보일 때가 있었다. 특히 평소엔 아무 생각 없는 것처럼 굴다가 가끔 4차원 소녀처럼 엉뚱한 짓을 할 때가 그랬다.

"아, 맞다. 넌 뭐 쓸 거야? 소설, 시?"

"소설."

필동은 그냥 머릿속에 떠오르는 대로 내뱉었다.

"좋아, 그럼 우린 경쟁자는 아니니까. 서로 돕는 거다. 대신에 내가 밥 살게."

금강과 필동은 상록원 학생식당에서 밥을 먹었다. 재빠르게 입에 밥을 우겨넣는 필동과 다르게 금강은 젓가락질이 느렸다.

"너 밥 진짜 빨리 먹는다?"

금강의 말에 필동은 입안에 든 밥을 꿀꺽 삼켰다.

"집안 내력. 우리 식구들 다 이 모양이야."

필동은 실실 웃으면서 말했지만 뱃속에 싸하게 무언가가 얹히는 기분이었다. 아버지가 사업에서 크게 실패하고 빚쟁이들에게 쫓기는 바람에 필동의 가족들은 2년 가까이 이곳저곳을 전전하며 지냈다. 필동이 초등학교 저학년 때였고 형이 고학년 때의 일이었다. 식구들은 늘 무슨 일이 터질지 알 수 없었고 다들 조급한 마음으로 살았다. 특히 밥 먹을 때는 누가 쫓아오는 것도 아닌데 다들 숟가락질과 젓가락질이 빨라졌다. 그 습관은 아버지가 재기에 성공하고 이제 여유롭게 식사를 즐겨도 괜찮아졌는데도 그랬다. 가족끼리 외식 한 번 하러 식당에 가도 모두들 재빠르게 음식을 입안에 퍼넣느라 정신이 없었다. 빨리 식사를 하지 않으면 중간에 불쑥 누가 쳐들어오는 것도 아닌데 말이다.

"야, 너 밥먹다 말고 왜 진지해져?"

금강이 손가락으로 쿡 찌르는 바람에 필동은 우울했던 생각에서 깨어났다.

"재밌는 생각 했지. 너 그거 알아?"

필동이 숟가락을 손에 쥐고 장난기 어린 표정으로 금강을 바라보았다.

슬픈 일을 머릿속에 떠올리고 계속 곱씹는 건 필동에겐 질색인 일이었다. 즐겁게 살아도 짧은 인생인데 힘들었던 기억을 떠올려봤자 기운만 빠졌다. 그러느니 차라리 재미난 것들을 찾아다니고 미래를 위해 주먹 쥐고 씩씩하게 앞만 보고 걷자는 게 필동의 인생관이었다.

"얼마 전에 선배 형이 말해줬는데, 옛날 우리 학교가 중앙불전일 때 학생회지 이름이 룸비니였대. 이 식당, 상록원의 처음 이름이 룸비니관이었다잖냐. 재밌지 않냐, 옛날 학생회지 이름을 학교식당 이름으로 쓰고."

"너 바보지? 룸비니의 원래 뜻은 부처님이 태어난 곳 이름이잖아."

"그, 그거야 그렇지. 누가 뭐래? 최소한 동국대학교를 다니면 그 정도는 상식이지. 너 농담도 제대로 못 알아듣는 거 보니까 시 쓰긴 힘들겠다."

"너 얼굴 빨개진 거 알지?"

금강은 코웃음을 치고는 자리에서 일어났다.

"내려가서 커피나 마시자."

룸비니 쉼터로 자리를 옮긴 필동과 금강은 벤치에 앉아 넓게 펼쳐진 대운동장을 바라보았다.

"넌 지난 학기에 생각은 하고 살았니? 너 아무 생각도 안하지? 내 눈엔 다 보이거든."

금강이 괜스레 비아냥대는 말투로 묻자 필동은 다소 자존심이 상했다.

"너 은근히 사람 무시한다. 다른 형들한테 안 그러면서 왜 나한테만 그러는데?"

"네가 좀 그럴만하잖아."

"네가 아는 내가 전부가 아니다. 나는 요, 생각할 시간이 없는 사람이었어요. 지난 학기에 너무 바쁘게 살았거든. 힙합 동아리에 영어 스터디 동아리에 게다가 이 괴상한 5자회까지. 학기 중에도 아르바이트는 두 개나 뛰고. 이번 학기에도 주말에 이삿짐센터 아르바이트 하느라 온몸이 쑤신다. 게다가 학점 관리도 해야 되고. 나 진짜 무진장 바쁘게 산다."

"그럼, 딱 하나만 찍어서 올 가을엔 뭘 할 건데?"

필동은 이것저것 다 해봤으니 이번 학기엔 연애가 우선의 목표였지만 금강 앞에서 그렇게 대놓고 말하기엔 왠지 폼이 안 났다. 동국처럼 눙치듯 뜬구름 속에 뼈가 있는 말을 던지거나 정도처럼 점잖은 포부를 밝히면 어떨까? 상록처럼 카리스마 있게 일장연설을 늘어놓는 것도 괜찮겠다 싶었다. 하지만 정작 그의 머릿속에는 아무 생각도 나지 않았다.

"사실, 아무 생각도 안 나."

"아무렴 네가 그렇지."

"아니, 이제부터 찾을 거라고. 내가 지금까지 대학 와서 한 건 예전부터 대학생이 되면 해보고 싶은 거였으니깐. 이젠 진짜 나 오필동이란 인간이 하고 싶은 걸 찾을 거야."

금강이 한심한 눈으로 바라보자 필동은 조금 뱔이 꼬였다.

"그러는 너는 뭐 대단한 결심이라도 했냐?"

"나? 나는 비둘기에서 탈출해 보려고."

　금강은 언제나 튀고 싶어 하는 성격이었다. 그러나 서울 시내 곳곳을 배회하지만 눈에 띄지 않는 비둘기와 금강의 신세는 어째 엇비슷했다. 오빠는 공부를 잘 했고 여동생은 인형처럼 오밀조밀하게 예뻤다. 금강은 공부도 적당히 했고 얼굴도 귀염상이라는 소리는 들었지만 동생에게 비할 순 없었다. 그래서인지 금강은 언제 어디서건 늘 지지 않으려고 애를 썼다. 언제나 경쟁 상대를 정하고 그 경쟁 상대를 이기고 튀려고 온갖 방법을 다 쓰기도 했다. 사차원이니 어쩌니 하는 별명들은 대부분 그래서 붙은 거였다. 5자회에서도 명진을 경쟁 상대로 삼아 그녀보다 더 튀어 보려고 했지만 어쩐지 금강은 여전히 자기가 눈에 띄지 않는 비둘기 같다는 생각이 들었다.

　"비둘기에서 탈출하면 끼룩끼룩 갈매기라도 돼 보게?"

　"됐어요, 너하고는 말이 안 통한다. 잠깐…… 근데 저기 대운동장에 있는 사람 상록 오빠 아니니?"

　금강이 손가락으로 가리킨 곳을 보니 상록이 틀림없었다.

　"저 형 오늘 영 이상하다."

　필동이 팔짱을 낀 채 심각한 표정을 지었다.

　"넌 왜 그런지 알아?"

　"빤한 거 아냐. 명진이 누나 때문에 그런 거겠지. 동국이 형이랑 더 가까워진 거 같으니까 저러는 거라고."

　"너도 명진 선배 좋아하잖아?"

　"누가 그래? 나는 그냥 잠깐……."

"됐고. 빨리 내려가서 놀려주자."

금강은 필동을 잡아끌고 대운동장 쪽으로 나 있는 계단으로 내려갔다.

상록은 달렸다. 숨이 목까지 차오르고 가슴이 뻐근해졌다. 장남으로 자란 상록은 어렸을 때부터 의젓하다는 말을 듣고 자랐다. 그렇기에 참는 일에는 일가견이 있었다. 공부를 하기 싫어도, 감기에 걸려 열이 끓어도, 무언가 억울한 일을 당해도 우선 참고 보았다. 하지만 아무리 참아도 답답해서 미칠 것 같으면 우선 운동장으로 나가 힘껏 달렸다. 온몸에 땀이 비 오듯 쏟아지고 머릿속이 빙글빙글 돌고 다리에 힘이 풀릴 때까지 계속.

상록은 두 팔을 축 늘어뜨리고 헐떡이며 대운동장 스탠드로 걸어가 쓰러지듯 털썩 주저앉았다. 숨을 내쉴 때마다 울먹이는 숨결이 귓가에 들리는 듯했다. 상록은 땀에 젖은 머리카락을 손으로 쓸어 넘겼다. 이마와 얼굴에서 흐르는 땀이 바닥으로 뚝뚝 떨어졌다. 가을 바람이 시원하게 땀으로 축축해진 살갗을 어루만지고 지나갔지만 상록의 마음은 상쾌해지기는커녕 다시금 무거워졌다.

'어떡하지, 확 말해 버릴까?'

상록은 동대문학상은 둘째 치고 명진에게 고백을 하느냐 마느냐의 문제로 고민 중이었다. 이제 곧 군대에도 가야할 테니 올 가을이 마지막 기회였다. 차라리 군에 가고 난 뒤에 동국 형과 사귄다는 소식을 들으면 모를까 그 전에 그 모습을 보면 속이 다 타 버릴 것 같았다. 하지만 자꾸 이런 이유로 동국과의 거리가 멀어지는 것도 답답하긴 마찬가지였다. 사랑과 의리, 그 두 가지는 왜 이렇게 늘 꼬이기 일쑤인지 상록은 아무리 생각해도 도통 알 수가 없었다.

"형, 전국체전에 출전이라도 하려고 그래요? 야, 이 땀 좀 봐."

필동이 곁에 다가온 것을 알고 상록은 조금 창피하고 뜨끔했다. 그 옆에는 금강이 호기심 어린 얼굴로 상록을 바라보고 있었다.

'저 녀석들 저거 은근히 여우인데……'

겉보기에 필동은 덤벙거리고 꺼벙하게, 금강은 4차원처럼 엉뚱해 보일 때가 태반이었다. 하지만 한 학기를 지내다보니 신입생들이 은근히 눈치가 귀신이었다. 어쩌면 상록이 요즘 왜 그렇게 갈피를 못 잡고 있는지 빤히 짐작하고 있는지도 몰랐다.

"아, 그게 말이야……"

상록이 티셔츠 앞자락을 손으로 당겨 부채질을 하며 할 말을 생각했다.

"형 차였죠? 우리 몰래 어디 소개팅 나갔다가 퇴짜 맞은 거 아니에요?"

필동이 내뱉은 말에 상록은 가슴이 철렁하면서도 제대로 눈치를 챈 건 아니구나 싶어 숨을 크게 들이마셔 마음을 진정시켰다.

"야, 내가 요즘 얼마나 바쁜데 소개팅이냐. 괜찮은 사람 있으면 좀 연결해 주고 그런 말을 하든가."

"그런데 왜 그렇게 달리고 그래요? 룸비니 쉼터에 있던 사람들이 전부 저 위에서 쳐다보고 있었는데."

금강이 끼어들어 말했다.

"그러니까…… 오늘 낮에 우리 다 같이 동대문학상에 응모하기로 약속했잖아. 근데 난 가만히 앉아 있으면 오히려 아무 생각이 안 나는 타입이거든. 뛰어야지, 땀이 나도록 뛰어야, 생각이 난다 이 말이지."

필동이 픽 웃더니 다시 점잖게 말했다.

"형, 우린 이런 식으로 해선 안돼. 우린, 그거 뭐지? 멘…… 뭐? 그 거 말이야, 옆에서 도와주는 사람."

"멘토?"

금강의 말에 필동이 입가에 미소를 짓고는 고개를 끄덕였다.

"맞아, 그러니까 우린 이번에 응모하는 5자회 멤버들의 멘토가 됩시다. 지금 나도 금강이 멘토 톡톡히 하고 있다니까요. 정도 형이랑 학림이는 알아서 잘 할 테니까. 형은 요, 명진이 누나 멘토가 되는 게 어때요? 그 누나는 아무래도 혼자 놔두면 쓸지 안 쓸지조차 모르겠어."

금강이 픽 웃더니 손에 들고 있던 캔 음료를 상록에게 건넸다.

"오빠, 한 번 잘 해봐요. 또 알아요? 오빠 도움으로 명진 언니가 상이라도 타게 되면……"

"이 자식들이 선배 앞에서 쓸데없는 소린……"

상록이 더 이상 아무 말도 못하고 음료수만 받아들었다. 필동과 금강은 시상을 찾아 좀 돌아다니겠다며 자리를 떴다. 상록에게 목소리가 들리지 않을 만큼 거리가 떨어지자 금강이 웃음을 참으며 말했다.

"저 오빠, 진짜 거짓말 못한다."

혼자 운동장에 남은 상록은 음료수를 단번에 다 마셔 버리곤 다시 계단에 앉았다.

"에이, 모르겠다. 또 다들 알면 어때? 이왕 이렇게 된 거."

학림은 성공 가능성이 낮은 일에는 도전하지 않을 만큼 승부 근성이 강했다. 오르지 못할 나무를 쳐다보는 건 결국 목에 붙이는 파스 값만 더 들 뿐 헛된 열정이었다. 쿨하고 이지적이고 마르고 다리가 짧은 학림은 결국 동대문학상에 응모하느냐 마느냐를 결정하기 전에 수상 가능성을 점치기 위해 동대신문사를 먼저 찾아갔다.

동대신문사의 학생기자들은 자기들끼리 두런거리며 이야기를 나누다가 노크 소리에 출입문 쪽으로 고개를 돌렸다. 문 앞에 서 있는 앙상하게 마른 남학생이 턱을 살짝 치켜들고는 다소 거만한 말투로 편집부 안을 둘러보고 있었다.

"여기 편집장님을 좀 만나고 싶은데요."

학림은 곧 동대신문사의 편집장과 마주앉을 수 있었다. 편집장은 뿔테 안경을 쓰고 머리를 하나로 질끈 묶은 화장기 없는 하얀 얼굴의 여학생이었다.

"그래, 나를 찾은 이유가 뭐예요? 신입부원 모집은 벌써 끝났는데?"

"동대신문사에 대해 리포트를 쓸 일이 있어서 몇 가지 질문 좀 하려고요."

학림은 동대문학상에 응모할지 말지 결정하러 왔다고 말하면 어딘지 없어 보일 테니 에둘러서 말했다. 편집장은 고개를 끄덕이고는 무엇이든 물어보라고 했다.

"우선 동대문학상은 몇 년도에 생겼죠?"

"1986년에 만들어졌어요. 동대문학상 받은 사람들 중에 소설가나 시인으로 등단한 선배들도 많죠."

"아, 그러면 타과생들도 상을 받긴 하나요?"

"그럼요, 꼭 국문과 문창과 학생들만 대상으로 하는 건 아니니까. 그런데 그걸 왜 묻지? 혹시 문학상 내 보려고요?"

편집장은 다소 날카로운 눈빛으로 학림을 바라보았다. 학림은 찔끔해서 다른 식으로 말을 돌렸다.

"아…… 그런 건 아니고요. 그럼, 동대신문은 언제 만들어졌어요?"

"1950년 4월 15일에 1호가 나왔으니까 꽤 오래됐죠. 그런데 6월에 제2호를 만들던 중에 한국전쟁이 터졌대요. 그 후로도 동대신문은 역사가 참 파란만장해요. 1952년에 피난지인 부산에서 제2호가 나왔는데, 여기 실린 조연현의 〈동국대학과 나〉라는 글이 문제가 되서 학생들에게 배부할 수는 없었어요. 결국 그해 11월 20일에 제대로 된 2호가 나왔죠. 그 다음에 1955년에 제호를 〈동대신보〉로 바꿨다가 1962년 7월 12일에 다시 〈동대신문〉으로 정착되었죠."

학림은 동대신문이 그렇게 오래된 줄은 몰랐다. 동대문학상이 1986년에 시작되었다니까 그 무렵에 창간된 것이 아닐까 지레 짐작하고 있었다.

문득 학림은 기자라는 직업에 대해 호기심이 생겼다. 학림은 지금껏 멋진 대학생이 되어야겠다는 생각은 했지만 아직 진로에 대해서는 희미하기만 했다. 공무원이나 평범한 셀러리맨을 꿈꾸지는 않았지만 그렇다고 다른 대안이 있는 것도 아니었다. 하지만 학림은 동대신문사 편집부 안으로 들어서자 처음으로 어떤 직업에 대한 호기심 같은 것이 일었다.

'나처럼 날카롭게 파고드는 걸 좋아하는 사람한테는 왠지 기자가 잘 어울리지 않을까?'

"저기 근데요, 기자가 되려면 어떤 걸 준비해야 돼요?"

뜬금없는 학림의 질문에 편집장은 미소를 지었다.

"글쎄? 태어날 때부터 기자인 사람은 없겠죠. 그리고 기자가 될 운명을 타고난 사람도 없을 거구요. 하지만 모든 사건과 사물을 객관적으로 관찰하면서도 인간적인 따스함을 잃지 않는 사람이 기사를 쓴다면 좋은 기사가 되지 않을까요? 무슨 말인지 알겠지요?"

학림은 고개를 끄덕였다.

동대신문사를 나와서 학림은 중앙도서관 앞 벤치에서 오래도록 혼자 앉아 동대신문을 훑어보았다. 평소 감정에 치우치는 대신 날카로운 안목을 가지고 있다고 자부해온 그이기에 신문기자라는 직업이 꽤 매력적으로 여겨졌다. 학림은 벤치에서 일어나 중앙도서관에 가서는 그날 들어온 신문을 하나도 빠짐없이 꼼꼼히 읽어 보았다. 학림이 무언가 열중해서 그렇게 들여다보는 건 정말 오랜만의 일이었다.

그날 오후 동국과 명진은 원흥관 앞 벤치에 앉아 커피를 마셨다.

"그런데 정말 5자회 멤버들이 상을 받을 수 있을까?"

"다들 중간에 포기하거나…… 응모하는 애들은 많아봤자 한두 명?

명진이 너도 빠져나갈 궁리만 하고 있지?"

동국의 말에 명진은 속마음을 들킨 듯 찔끔했다. 사실 명진은 후배들 앞이라 말을 안했지만 상황을 봐서 어떻게든 피해볼 생각을 하고 있었다.

"기대도 안하면서 상록이한테는 왜 그런 걸 시켰어? 걔는 또 죽어라고 매달릴 텐데."

"소설이나 시를 완성하진 못하더라도 잠깐 혼자서 생각은 해 볼 수 있잖아. 생각하는 사람이 살아남는다. 설령 뜬구름 잡는 몽상이라도."

"그건 누가 한 말이야?"

"그냥, 내가 한 말."

"그런데 오빠는 정말 어떻게 처음 쓴 소설로 상을 받았어?"

"말했잖아, 대낮에 남산에 올라가 깜빡 낮잠이 들었는데 그날 남산의 정기를 직방으로 받았거든."

"그럼, 지금도 정기만 받으면 다시 쓰겠네?"

"그땐 내가 지금보단 훨씬 날씬했다고. 근데 온몸이 두툼해지니까 영 정기가 들어올 생각을 안한다."

"됐어, 그냥 게을러서 안 쓰는 거 다 알아."

"빙고!"

동국이 나머지 커피를 마저 마시고는 실실 웃었다. 하지만 명진은 동국이 웃는 이유가 5자회 멤버들을 가지고 놀아서 그런 건지 아니면 자기랑 함께 있는 게 즐거워서 그런 건지 도통 짐작이 안 갔다.

5자회, 작가에 도전하다

"사실 나도 소설 쓰려고."

"오, 진짜?"

"동대문학상에 응모할 건 아니고. 연애소설. 취미 삼아. 연기에 도움이 될까 해서."

"그래, 한 번 잘 써 봐라. 주인공은 어떤 남잔데?"

"그건 지금 고민 중이야. 그럼, 나 수업 있어서 먼저 갈게."

명진은 자리에서 일어나서는 문화관 쪽으로 서둘러 걸어갔다. 동국은 명진의 뒷모습을 보며 멋쩍게 웃으며 남은 커피를 마셨다.

그해 겨울, 동대신문에 동대문학상 당선작이 발표되었다. 하지만 안타깝게도 5자회 멤버 중에서 수상자가 나오지는 않았기에 멤버들은 쓴 입맛을 다셨다. 하지만 응모한 멤버들 모두의 작품이 심사평에 거론되는 신기한 결과가 나왔다. 동국은 동대신문 심사평을 읽어 보며 참 5자회다운 결과라고 혼자서 킬킬거렸다.*

*박진규 2005년 제11회 문학동네 소설상 수상

단편소설 부문 심사평

재기발랄하고 장점 많음에도 불구, 감상적인 전개와 미숙한 문장이 아쉬움으로 남아……

– 단편소설 부문 심사위원
장영우, 황종연

올해는 그 어느 해보다 응모작이 풍성하여 명실공히 한국문학의 산실인 동국문학의 부흥을 피부로 느낄 수 있었다. 여러 응모작 가운데 심사에서 논의가 되었던 작품은 아래와 같다.

조정도-「언덕에서 문워크」는 언덕길을 오르던 한 남자가 그 방향을 거꾸로 돌아간 뒤 겪는 새로운 사건을 다루었다. 이 소설은 재기발랄하고 장점이 많다. 하지만 너무 모범답안 식으로 쓴 전개과정과 결말의 마무리가 아쉬웠다. 좀 더 도전적인 소설을 쓰면 앞으로 더 발전할 수 있을 것이다.

한명진-「답답한 로미오」는 잘 빠진 한편의 연애소설. 한 남자를 짝사랑하는 여학생과 남학생 사이의 미묘한 줄다리기가 꽤 흥미진진하게 읽힌다. 하지만 결국 연애소설이라는 한계가 있고 결정적인 사랑 고백 장면에서 너무 감상적으로 흘러 한편의 일기처럼 변해 버린 점이 아쉽다.

오필동-「편의점 힙합 보이」는 소설 전체 문장을 랩으로 끌고나가는 소설. 읽는 이의 웃음을 자아내는 능청스러움이 돋보인다. 또 소설 전반에 흐르는 건강하고 의욕적인 시선도 눈에 들어왔다. 하지만 아직 소설 전개가 매끄럽지 않고 문장이 부자연스러웠다. 랩 소설이란 형식이 새로워 보이지 않는다는 것도 문제.

최학림-「오, 5자회!」는 5자회라는 동국대학교 내의 비공식 동아리에 대한 취재기사 형식의 소설. 실제로 학교에는 존재하지 않지만 있을 법한 자급자족 생존 동아리를 취재한다는 방식이 재미있다. 5자회 멤버들로 거론된 사람들의 개성도 살아 있다. 하지만 소설이라기에는 너무 밋밋한 문체에 보도문을 따른 형식이 그 독특함에도 불구하고 미학적인 성취를 끌어내지 못했기에 당선작으로 미는 데 주저할 수밖에 없었다.

우리는 긴 시간 숙고한 끝에 안정된 문장과 뚝심 있는 전개, 도발적인 발상이 빛나는 조종내의 「탈옥」을 당선작으로 결정하였다. 모쪼록 이번 결과가 당선자 개인의 영예에 그치지 않고 새로운 결실을 위한 밑거름으로 작용하길 바란다.

시 부문 심사평

진지한 고민을 담은 시가 눈길 끌었으나 기성 시의 답습이라는 혐의 짙어……

- 시 부문 심사위원
홍신선, 김춘식

동대문학상 시 부문의 올해 응모작품이 예년에 비해 크게 늘었다. 이는 문학에 대한 학생들의 인식과 관심이 높아졌다는 증거이므로 심사자로서 무척 설레고 흡족했다. 그러나 응모자들의 작품 수준은 편차가 심한 편이었다. 일단 당선권 수준의 작품은 3편 정도로 압축할 수 있었다. 다른 작품들은 아직 습작 기간이 부족하거나 시 쓰기의 여러 문제(형식, 관찰력, 정서적 표현력 등)에 대한 고민과 탐색이 필요하다고 판단되었다. 그러나 시에 대한 순수한 관심과 열정만은 잘 드러나 보기에 좋았다. 정금강-「비둘기에서 탈출하기」, 최상록-「고백」, 신경임-「홍시」가 마지막까지 눈길을 끌었다. 특히 「비둘기에서 탈출하기」에서는 1학년이라고는 믿기 힘들 정도의 진지한 고민을 엿볼 수 있었고 「고백」에서는 작자의 진정성이 느껴졌다.

반면, 두 작품 모두 다소 소품인 점, 상상력이나 이미지는 도전적이지만 독창성이 부족하고 다소의 상투성이 느껴진다는 점이 단점이었다. 「홍시」 역시 소품이지만 참신하고 깔끔한 이미지, 언어구사, 정서적 전달력 등이 좋은 작품이다. 낙선자에게는 심심한 위로를 전하고 당선자는 더욱 정진하라는 당부를 드린다.

숨은 출구 찾기

복도에는 아무도 없었다. 걸음을 옮길 때마다 금강의 구둣굽 소리가 메아리처럼 아득하게 울려 퍼졌다. 금강은 주위를 둘러보았다. 좌우의 강의실에는 빈 책상들이 가지런히 정렬되어 있었다. 휴대전화기를 열어 날짜와 시간을 확인한 뒤에도 불안감은 사라지지 않았다. 어찌된 일인지 휴대전화의 수신 안테나가 한 개도 보이지 않았다.

통화권 이탈.

환하게 빛을 밝히고 있는 복도와 대조적으로 불 꺼진 강의실의 모습은 금강의 걸음을 더욱 조심스럽게 만들었다. 생존 동아리 5자회에 들어온 뒤로 이런 경험은 또 처음이었다.

'새로운 담력 훈련인 건가?'

누군가 등을 치며 소리를 지를 것만 같은 기분에 금강은 자꾸 뒤를 돌아보았다. 불 꺼진 강의실 한 구석에 누군가 턱을 괴고 앉아 자신을 바라보고 있는 것만 같았다. 금강은 기억을 더듬었다. 분명 사회과학관 정문으로 모이라는 연락을 받았다. 그러나 금강이 도착했을 때는 아무도 없었다. 모임 약속이 있을 때마다 늦어 이번에는 마음 먹고 제일 먼저 도착하겠다고 한 게 너무 일찍 와 버린 탓이었다. 아무리 기다려도 멤버들이 오지 않자 금강은 지루한 마음에 사회과학관 이곳저곳을 기웃거리기 시작했다. 그런데 정신을 차려보니 자신도 모르는 사이에 엉뚱한 곳까지 와 있었다.

누군가 쓰윽 하고 나타날 것만 같은 기분에 금강은 자꾸 뒤를 돌아보았다. 기억을 더듬으며 처음 위치로 되돌아가려 해도 계속해서 낯선 곳만 나왔다. 게다가 어찌된 영문인지 건물 밖으로 나가는 철문 또한 잠겨 있었다. 들어온 길로 되돌아 나가려 했지만 길은 끊겨 있었다. 계단과 복도 그리고 다시 계단과 복도만이 끝도 없이 이어졌다. 금강은 미로에 갇힌 듯한 기분이었다.

그때 복도 끝에서 인기척이 들렸다. 금강은 소리가 나는 곳을 향해 조심스럽게 걸음을 내딛었다. 이런 상황에서라면 사람이 나타난다 해도 무서웠다. 따각따각따각…… 구둣굽 소리가 신경질적으로 울려퍼졌다. 그 소리가 마치 뒤에서 누군가 쫓아오는 소리인 것만 같아 두려웠지만 어쩔 도리가 없었다. 인기척이 점점 가까워졌다. 그리고 나타난 사람은 청소부 아주머니였다. 금강은 심장이 멎는 듯하다가 겨우 한숨을 쉬며 가슴을 쓸어내렸다.

"아줌마, 사회과학관 정문으로 가려면 어디로 가야 되요?"

금강이 말을 걸자 깜짝 놀라 쓰레기봉지를 놓쳤던 아주머니는 떨어뜨렸던 봉지를 주우며 한숨을 내쉬었다. 홀로 학교에 남아 묵은 청소를 하던 사람의 고단함과 지루함, 그리고 놀람이 동시에 느껴졌다. 아주머니는 금강을 흘낏 바라보며 "여기는 동국관인데"라고 말하고는 유령처럼 멀어져갔다. 금강은 아주머니를 쫓아가 다시 물으려 했지만 아주머니는 이미 시야에서 사라지고 없었다. 울 것만 같은 기분으로 금강은 계단과 복도를 오르락내리락하며 건물 안을 배회했다. 조금의 의심도 없이 사회과학관이라고 생각했던 곳이 사실은 동국관이었다는 것을 깨닫자 혼란에 빠져들었다. 학생수첩에 그려진 지도를 샅샅이 살펴봐도 동국관이란 곳은 없었다. 금강은 눈을 크게 뜨고 숨을 멈췄다. 학교 안에는 없는 공간. 4차원의 구멍으로 떨어진 것만 같았다. 금강은 침을 꿀떡 삼켰다. 정말로 눈물이 나올 것만 같았다. 그리고 그때 금강의 손에 꼭 쥐어져 있던 휴대전화가 울리기 시작했다. 금강은 발신자를 확인할 것도 없이 전화기에 대고 외쳤다.

"나, 나 좀 구해줘. 나 동국관이란 곳에 갇혀 버렸어."

금강을 구출해준 사람은 동국이었다. 모두 뿔뿔이 흩어져 금강을 찾아다녔지만 어디에도 보이지 않았다. 그러나 동국은 단박에 금강의 위치를 알아채고 찾아냈다. 금강은 동국의 뒤에 착 달라붙어 옷자락을 붙들었다. 동국은 금강이 들어왔던 곳이 아닌 전혀 낯선 문으로 금강을 데리고 나갔다. 그리고 금강이 처음 도착했던 그곳, 사회과학관 정문으로 되돌아왔다. 다른 멤버들은 금강을 찾으러 흩어져 아직 돌아오지 않고 있었다. 금강은 무서워 울었던 것도 까맣게 잊고 화를 냈다.

"오빠 뭐예요? 여긴 동국관이라잖아요."

"사회과학관이야."

동국이 심드렁하게 대꾸했다.

"아니, 아까 어떤 아줌마가……"

"동국관이기도 하지."

"뭐라구요?"

"경영관이라고도 해."

"오빠 너무해요. 자꾸 놀리실 거예요?"

그때 명진이 다가와서 금강의 머리를 콩 쥐어박았다.

"널 찾느라 우리가 얼마나 헤맸는지 알아? 어떻게 입학한 지 1년이 지나도록 M동이랑 L동 구분도 못하니?"

"형! 우리가 리얼 생존 동아리지 리얼 구조 동아리는 아니잖아요! 돌아다니느라 진이 다 빠졌네."

필동이 허탈한 표정으로 투덜거렸다. 동국은 점잖게 뒷짐을 지고 자회 후배들을 바라보았다.

"이런 게 진정한 생존인 거지."

금강이 길을 잃고 헤맨 것은 경영관과 문화관을 잇는 통로를 지났다가 되돌아와서는 방향 감각을 잃었기 때문이었다. 남산 중턱에 지어진 캠퍼스 특성 때문에 지하와 지상의 개념이 일반적이지 못했다. 그러니까 금강이 1층이라고 생각한 사회과학관 정문은 사실은 3층이었던 것이다. 잘 모르는 사람들은 길을 잃기 십상인 구조였다. 동국은 다 이해한다는 표정으로 고개를 끄덕거렸다.

 언제 하얗게 질렸느냐는 듯 금강은 자신의 조난기를 신나게 떠들어 댔다. 주말의 학교가 얼마나 괴괴한지 아는 사람은 자신밖에 없을 거라며 잔뜩 들뜬 목소리로 얘기했다. 학림과 필동은 깔깔 웃으며 어이없다는 듯 대꾸를 했다. 그런데 웬일인지 상록과 정도는 잔뜩 풀이 죽은 모습이었다. 날씨가 쌀쌀해진 탓일까. 금강이 보기엔 상록과 정도의 어깨가 많이 좁아진 것 같았다.
 상록이 축 처져 있는 이유는 오늘도 동국 옆에서 종종걸음을 옮기는 명진 때문일 것이었다. 그러나 정도가 풀 죽어 있는 모습은 까닭을 찾기 힘들었다. 늘 몽상에 잠겨 있는 듯하고 시큰둥한 정도였지만 기운 없이 멍하게 걷고 있는 모습은 모두에게 낯선 것이었다. 필동과 학림도 그런 선배들의 모습에 이유없이 불안해졌다. 금강은 이상한 분위기를 떨쳐내려는 듯 더 시끄럽게 떠들었다. 그러자 앞서 걷던 동국이 걸음을 멈추고 뒤를 돌아보았다.
 "너희들 오늘 계획이 뭔지 알기나 하고 그렇게 신나 있는 거냐?"
 전에 없이 진지한 동국의 말에 1학년들은 당황했다.
 "네? 계획이라뇨?"
 필동이 의아하다는 듯 물었다.
 "난 다 같이 할 알바라도 생긴 줄 알았는데? 우리 운영비 바닥났잖아요."
 학림이 두리번거리며 말을 보탰다. 동국은 묵묵히 듣고만 있다가 결심한 듯 말했다.

"오늘이야말로 너희에게 진짜 생존이 뭔지 알려줄 날이다!"

동국은 호기롭게 큰소리를 쳤다. 그러나 동국의 얼굴에는 알지 못할 그림자가 드리워져 있었다.

5자회 멤버 일곱 명은 책상을 돌려 원을 만들고 긴장한 얼굴로 앉았다. 드디어 동국이 무언가를 전수해주는구나 싶어 동국과 금강을 제외한 나머지 다섯 명은 바짝 긴장한 얼굴이었다. 금강은 무언가 토를 달고 싶다는 얼굴이었지만, 나머지 멤버들의 비장함에 입을 다물고 있었다. 동국은 칠판 앞으로 나가 사다리를 그려 나가기 시작했다.

"지금부터 시작한다! 자, 하나씩 불러."

"선배, 사다리 놀이나 하자는 거였어요?"

"일단 불러."

입을 비죽거리면서도 금강이 제일 먼저 입을 열었다.

"알-티스트."

"혀 좀 작작 굴려라. 에휴. 선배 난 과학자요."

"난 억만장자."

"오빠, 오드리 헵번이요."

"에이요! 힙합매엔!"

사다리는 무작위였다. 금강은 억만장자가 될 뻔했지만 결국 학자가 되었고, 육중한 몸의 동국은 힙합맨이 되었다. 만족하는 웃음을 띤 건 오드리 헵번이 되고 싶었지만 결국 아티스트가 된 명진뿐이었다. 장난

같은 사다리 놀이에서, 누구도 자신의 꿈에 안착하지 못했다.

"이건 정말 순 엉터리예요."

금강이 다시 투덜거리자 동국이 먼산을 바라보며 대꾸했다.

"지금처럼이라면 우리 모두 엉터리인 게 맞을지도."

동국이 무슨 말인가를 더 하려고 했지만 필동이 가방을 챙겨 인사를 하고는 훌쩍 나가 버리려 했다. 영어 스터디가 있다는 것이었다. 다른 멤버들은 뜨악한 표정으로 동국을 바라보았다. 동국의 얼굴은 평소보다 더 알쏭달쏭했다. 뜬금없이 어렸을 적 꿈을 묻는 건, 그들이 기대했던 생존 전수와는 전혀 다른 것이었다.

맑은 눈동자를 깜박이며 자신의 얼굴을 빤히 들여다보는 후배들 앞에 선 동국의 입술이 옴짝거렸다. 학부 시절의 동국이었다면 후배들 모두를 데려다 앉히고 소주 한잔씩 마시며 이런저런 얘기들을 해주었을 것이다. 그러나 동국은 자신이 생존 동아리의 고문이라는 게 어쩐지 주제 넘는 것처럼 느껴졌다. 말을 더 하고 싶었지만 어떤 말이든 무의미한 것처럼 생각되었던 것이다.

5자회 멤버들은 영어스터디에 가야한다는 필동을 붙잡아 함께 남산으로 향했다. 동국의 갑작스러운 결정이었다. 학교에서 집이 제일 가까운 상록이 휴대용 버너와 조리도구를 챙기러 간 사이 명진과 정도는 마트에 장을 보러 갔다. 필동과 학림, 금강을 데리고 대운동장으로 올라간 동국은 그들의 손에 향을 하나씩 쥐어 주었다. 그리고 조용히 눈을 감았다. 묵념이었다.

"이건 또 무슨 의식이에요?"

"조용히 눈이나 감아."

금강은 새침하게 눈을 흘기곤 얼른 감았다. 영문도 모른 채 신입생으로 입학한 금강에게 수강신청이며 장학신청, 학교와 관련된 기념일이면 공짜로 먹을 수 있는 국수나 떡 같은 정보들까지 친오빠언니처럼 가르쳐준 선배들이었다. 특히 외국 생활을 오래 해서 지레 모든 것에 겁을 집어먹고 무조건 싫다는 식으로 투덜대는 금강의 표현법을 넓은 마음으로 이해해주는 사람들이었다. 그들은 금강이 무엇을 두려워하고 있는지 모르지 않았다. 금강에게 생존보다 더욱 간절한 것은 바로 타인의 배려와 관심이었다. 그런 금강에게 대운동장 계단에 서서 향을 피우고 있는 시간은 5자회와 함께한 어떤 때보다 알쏭달쏭한 순간이었다. 그러나 이미 후배들은 동국을 신뢰하고 있었다. 5자회 멤버들은 다들 무르춤하게 서 있었지만 동국이 입을 열 때까지 누구도 눈을 뜨지 않았다. 어쨌든 동국은 이치에 맞는 일만 하니까 대운동장에 서서 향을 피우고 묵념을 하는 것도 다 이유가 있을 거라고 생각한 것이었다. 설명은 나중에 들어도 됐다.

"자, 이제 엠티 가자!"

번쩍 눈을 뜬 동국이 소리쳤다. 5자회의 신입생들은 씩씩하게 앞장서는 동국의 뒤를 따랐다. 상록원 뒤편의 계단으로 올라가자 곧장 남산 산책로로 연결된 길이 나왔다.

"와우! 학교에 이런 길이 다 있었어요? 신기하다."

"근데 언제까지 올라가야 돼요?"

운동화를 신은 학림과 필동은 신이 나서 재잘거렸지만, 굽이 높은 구두를 신은 금강은 연신 다리를 두드리며 힘들어 했다. 한참 계단을 오르자 명진과 상록, 정도의 모습이 보이기 시작했다. 금강은 반갑게 손을 흔드는 명진을 향해 고개를 갸웃거렸다.

"아니 어떻게 벌써 도착한 거예요? 원더우먼인가?"

"다 방법이 있지. 새내기들은 아직 몰라도 돼."

명진이 장난스럽게 대답했다. 상록은 땀을 뻘뻘 흘리면서도 가장 큰 짐을 들었다. 조리 도구와 먹을거리 외에도 돗자리, 담요, 화장지, 손전등 따위를 바리바리 싸들고 있었다. 구두를 신은 금강을 위해 학림이 선뜻 손을 내어주었다. 금강은 새침하게 입을 삐죽거렸지만 도움이 싫지는 않았다.

5자회 멤버들은 천천히 산에 올랐다. 새내기들은 신이 나서 흥분을 감추지 못했다. 영어스터디에 꼭 가야 한다며 울상을 지었던 필동이 가장 들떠 있었다. 그러나 웬일인지 상록과 정도의 표정이 밝지 않았다. 까닭을 묻는 대신 동국은 후배들에게 시답잖은 농담을 마구 던져댔다. 평소와 다른 선배들의 표정을 보고도 새내기들은 다람쥐처럼 뛰어다녔다.

오솔길을 벗어나 풀숲 깊은 곳으로 들어가는 내내 명진은 자꾸만 상록의 눈치를 보게 되었다. 명진은 상록의 마음을 알면서도 그것을 인정하기 힘들었다. 어쩌면 자신 때문에 동아리가 해체되는 것은 아닌가 걱정이 되기도 했다. 명진은 때때로 자신을 응시하는 상록의 눈을 애써 피하느라 진땀을 흘려야 했다.

정상까지 오르는 등산인 줄 알았는데 일행은 풀숲 한복판에서 멈춰섰다. 상록원 뒷길을 돌아 풀숲을 헤치고 들어가자 비밀스러운 공간이 나왔던 것이다. 동국은 도착한 기념으로 모두에게 '야호'를 외치게 했다. 멤버들은 산 정상도 아닌데 정말 그래야 하나 싶어 멍한 표정으로 서로의 얼굴만 바라봤다. 동국이 먼저 시범을 보였다.

"야아, 호……. 야아, 호……."

어디선가 멧비둘기 한 마리가 푸드덕 날아올랐다. 동국의 외침은 메아리로 돌아오지 않고 마른 숲 속으로 스며 버렸다. 5자회 멤버들은 손해볼 것 있냐는 듯 하나 둘 외치기 시작했다. 금강은 마지막까지 입을 꼭 다물고 있었다. 명진이 슬쩍 옆구리를 찔러서야 겨우 소곤거리듯 뱉어냈다.

"너 안할 거야?"

금강을 제외한 멤버들은 계속해서 소리를 지르며 가슴속이 탁 트이는 듯한 느낌을 받고 있었다. 필동은 숫제 발악하듯 '야호'를 외쳤다. 금강은 분위기에 휩쓸려 마지못해 외쳤다.

"야아, 호……."

한 번 해 보니 두 번도 할 수 있을 것 같았다.

"야아, 호……."

두 번, 세 번 더 외쳤다. 그러나 사실 금강이 외친 것은 '야호'가 아니었다. 금강의 가슴속에서는 다른 것들이 폭발하듯 터져 나오고 있었다. 그동안 내가 얼마나 무서웠는지 알아? 얼마나 외로웠는지 아냐고.

내가 수업 듣기 싫어서 지각하고 결석한 게 아니야. 내가 도도하거나 날 라리라서 사람들을 외면하고 그런 게 아니라고. 물어볼 데가 없어서 얼마나 외로웠는데, 내가 뭘 하고 있는 건지 몰라서 얼마나 무서웠는데. 다들 나만 빼놓고 잘났어 정말. 두고 봐. 나 정금강이야!

한차례 소동이 가라앉자 금강이 얼굴에 미소를 담뿍 머금고 말했다.
"대학생활의 꽃이 엠티라지? 멤버십 트레이닝! 이것도 엠티라고 할 수 있으려나. 난 새터도 못 가서 엠티 처음 와 봐."
"금강이 너도 못 갔어? 나도 새터는 못 가봤지만 그건 왠지 이런 느낌일 것 같아."
"어떤 느낌?"
"음, 그러니깐…… 말하자면…… 음…… 수학여행이랑 다른 느낌이랄까?"
"우헤헤. 정금강. 이학림. 니들 새내기 티 내냐?"
"에이, 동국 오빠! 우리도 이제 마냥 새내기는 아니라구요!"
"아니긴 뭐가 아니야. 자, 자리에 앉자, 아가들아!"
말이 끝나기도 전에 명진은 금강과 학림의 목을 양팔로 감아쥐고 힘껏 매달렸다. 자신의 몸무게를 한껏 그들에게 싣자 그제야 정말 5자회의 새내기들을 받았다는 실감이 났다. 전공의 특성상 많은 사람들과 만나고 부대끼는 일에 익숙한 명진이었다. 사람을 한눈에 파악하고 대하는 데에 도가 텄다고 자부하는 명진이었지만, 5자회의 사람들은 만날수록 알 수 없는 사람들이었다.

특히 새내기들은 날이 갈수록 더 신기한 사람들이었다. 어쩌면 그것은 새내기들이 계속 변해가고, 성장하고 있다는 증거일 수도 있었다. 명진은 그것을 목격하는 일이 늘 새롭고 감격스러웠다. 다른 모든 것들은 확신할 수 없지만, 어쩐지 자신이 그들을 점점 한 명의 인간으로 좋아하고 있다는 것, 그들 또한 자신을 점점 믿고 따른다는 것만은 분명하게 알 수 있었다. 대학에 와서 가장 크게 얻은 것이 있다면, 그것은 어쩌면 연극이 아니라 사람일 것이다.

5자회 멤버들은 돗자리를 펴고 둥글게 둘러 앉았다. 가을이 지나고 겨울의 냄새가 풍겨오는 계절이었지만, 누구도 춥다고 불평하지는 않았다. 모두의 빨간 뺨을 매만지며 스치는 바람, 그 투명하고 차가운 바람에 영혼이 맑게 씻기는 느낌이었다.

숲 속을 헤치고 들어가는 동안 그들은 각자의 상념에 잠겨 있었다. 뒷짐을 지고 느리게 걷는 동국의 뒤를 쫓는 5자회의 발걸음은 사뭇 진지했다. 학기말이 다가오고 있었다. 동국은 논문 테마를 준비하기 시작해야 했고, 상록과 명진, 정도는 진지하게 진로를 고민해야 했다. 새내기들은 지난 학기 쏟아졌던 F 벼락에 심각해질 필요가 있었다. 학교에서의 생존보다 더 중요한 것은 그 자신의 인생에서의 생존일 수 있었다. 모두 그 사실을 알고 있었고, 바람이 시리게 불어올 때마다 고개를 숙였다. 걸음을 내딛을 때마다 발밑이 시려왔다.

각자의 시간에 잠겨 있던 것도 잠시. 삼겹살을 꺼내자마자 생고기라도 뜯어먹을 것처럼 다들 눈을 부릅뜨고 달려들었다. 버너에 낡은 프

라이팬을 얹고 굽는 고기라서 더러 타 버리거나 설익기도 했다. 냄비에 지은 쌀밥에 고기 한 점과 김치를 얹어 먹는 쌈은 세상 어느 것에도 비길 데 없는 맛이었다. 시간이 얼마 지나지도 않아 비닐에 담겨 있던 고깃덩이들이 바닥을 보이기 시작했다.

평소 같았으면 고기 다섯 점을 한 입에 넣으면서 동시에 남은 다섯 점을 집고 있을 동국의 손길이 점점 느려지고 있었다. 동국은 김치에 쌈장을 찍어 꼭꼭 씹어 먹었다. 명진과 상록은 그것을 알아챘지만 씨익 웃고 말았다. 후배들이 맛있게 고기를 먹는 모습을 보니까 자신들도 어쩐지 고기를 먹을 수가 없었다.

'먹는 것만 봐도 배가 부르단 게 이런 거였어.'

동국은 예전 선배들이 자신에게 쌈을 싸서 먹여주던 생각이 났다.

"선배는 왜 안 드세요?"

눈을 말똥말똥하게 뜨고 묻는 후배들에게 상록은 혀를 차며 대답했다.

"에고, 내 팔자야. 너네들도 선배 돼봐라. 그럼 안다."

등반대회 때 싸 온 오이도 혼자 모조리 먹던 금강이 쌈을 싸서 선배들의 입에 우겨넣기 시작했다.

"으악! 웬 청양고추를 이렇게 많이 넣었어!"

"정도 네 것도? 우웩, 금강아. 이게 뭐니!"

상록은 후배가 준 쌈을 뱉지도 못하고 삼키지도 못하고 땀만 뻘뻘 흘려댔다.

"선배님들. 그러니까 팍팍 좀 드시라구요."

결국 그들에게 남게 된 안주는 쌈장뿐이었다. 젓가락 끝에 쌈장을 아껴 찍어 빨아 먹었다. 새우깡 한 봉지가 있었지만 동국은 왠지 과자에도 손이 잘 가지 않았다. 대학원생이긴 했지만 자신 또한 학생이었다. 등반대회 때 상금을 떼어먹은 일이 생각나서 싱긋 웃긴 했지만, 어쩐지 후배들에게 미안한 마음은 쉽게 사라지지 않았다.

"니들 우리가 앉아 있는 여기가 어딘지 아냐?"

동국이 중요한 비밀이라도 알려줄 듯한 목소리로 속삭였다.

"여기가 바로 라스베가스다!"

"네에? 아까는 남산이라면서요."

금강이 불퉁거리며 대답했다. 종일 돌아다닌 탓에 모두들 조금씩 지쳐 있었다. 동국은 여전히 작고 조심스럽게 말을 이었다.

"너희한테만 특별히 알려주는 거다. 언젠가부터 애들이 라스베가스를 모르더라고. 자, 저기 저 숲 보이지? 저 숲이 여기선 빽빽하고 울창해보이지만 그렇게 큰 숲이 아냐. 저 숲을 넘으면 바로 학교랑 연결된 등산로가 나온다고."

"어쩐지, 아까부터 너무 조용하다고 생각하긴 했어요."

"니들이 아직 잘 이해를 못 했나본데, 여긴 은밀한 비밀장소인 거라고! 유유히 산책길을 올라가다가 슬쩍 옆으로 빠져서 숲으로 들어가다 보면 나오는 비밀 아지트! 니들, 라스베가스와 파라다이스는 미국에만 있는 게 아니다. 여기 말고도 파라다이스라고 불리는 곳이 하나 있긴 한데, 거긴 내년에 전수해 주마."

"오빠 말이 맞아. 여긴 정말 동국대생 아니면 모르는 곳이지."

"지금 다시 보니까 아늑한 느낌까지 나는데요?"

"그치? 그렇다면 여기가 라스베가스라고 불리는 이유는? 바로!"

"바로?"

"선배들이 사람들 눈을 피해 카드놀이를 하던 곳이라 그렇다는 설도 있고……."

"그럼 파라다이스는요?"

"음…… 그건 상상에 맡길게. 흠흠."

동국은 목청을 가다듬었다. 또 시작이구나! 하는 생각에 상록은 고개를 저었고 정도는 혀를 내밀었다. 동국은 아랑곳하지 않고 말을 이었다.

"대학생활의 꽃은 엠티! 그럼 엠티의 꽃은 뭐?"

"엠티의 꽃은 게임이죠?"

"노노. 금강아. 엠티의 꽃은 뭐? 바로 노래다!"

"짝짝짝! 한 박자 쉬고! 두 박자 쉬고! 세 박자 마저 쉬고! 하낫 둘 셋 넷!"

주저하던 금강이 일어나 노래를 부르기 시작했다. 최근에 유행하는 아이돌 가수의 노래였다. 금강은 춤까지 곁들여 추며 신나게 노래를 불렀다. 새내기들의 신나는 노래가 이어졌다. 학림이 '남행열차'를 부르기 시작하자 처음에는 진부하다며 야유가 쏟아졌지만, 웃으며 치는 박수 소리는 멈추지 않았다.

새내기들의 노래가 끝나자 동국이 다시 목청을 가다듬고 마이크 겸 숟가락을 받아들었다. 그리고 김광석 노래 메들리가 이어졌다. 상록과 정도는 동시에 "형!"을 부르며 비명을 질렀다.

동국은 엠티만 가면 김광석 노래를 부르곤 했는데, 문제는 김광석 노래만 밤새도록 부른다는 것이었다. 김광석 노래를 전혀 모르던 상록과 정도, 명진은 이제 김광석의 노래를 2절까지 외워 부를 수 있었다.

"또 하루 멀어져간다. 머물러 있는 청춘인 줄 알았는데……"

"또 하루 시작되네. 아이고! 형 아직 서른 되려면 멀었잖아요."

동국은 아랑곳하지 않고 노래를 이어갔다. 자신 또한 대학에 입학해서 배운 노래였다. 후배들이 김광석에 질려하자 동국은 '청계천 8가'를 이어 불렀다. 상록과 정도는 고개를 절레절레 저으며 프라이팬과 그릇들을 정리하기 시작했다. 후배들이 와서 거들려 했지만, 노래가 지겨워서 그렇다며 후배들을 자리에 떠밀어 앉혔다.

다 함께 입을 모아 부르는 김광석 메들리가 세 바퀴를 돌았는데도 상록과 정도는 자리로 돌아오지 않았다. 잠시 노래가 멈춘 틈을 비집고 학림이 입을 열었다.

"동국 형. 대학원은 어때요?"

무엇이든 척척 대답해주는 선배인 동국은 잠시 당황했다. 그러나 곧 다시 침착하게 되물었다.

"뭐가?"

"대학원이요."

"그러니까, 대학원의 뭐가 어떠냐고 묻는 거야?"

승부근성이 강한 학림은 동국조차 알 수 없는 무언가를 집요하게 캐묻기 시작했다. 당당하게 동대신문의 기자를 찾아갔던 그때처럼. 그러나 그때와 마찬가지로 자신이 대학원 진학을 생각하고 있다는 말은 입 밖으로 내지 않았다. 강한 사람으로 보이고 싶어 하는 학림이었지만, 정작 속말을 털어놓기에는 누구보다 미숙했던 것이다.

동국은 학림에게 만족스러운 대답을 해줄 수 없으리라는 것을 깨달았다. 그러나 학림의 지금 고민을 정확히 꿰뚫을 수는 있었다. 그것은 바로 자신이 1학년을 마쳐가던 시기에 하던 고민, 바로 그것이었기 때문이다.

모든 것은 우연이었다. 동국은 일찌감치 자신의 진로를 건축가로 정해놓고 대입 공부에 열중하고 있었다. 그런데 고3 여름방학을 맞아 치른 모의고사에서 수학 성적이 말도 안되게 떨어진 것을 알았다. 수험생이었던 동국은 나름 깊은 절망에 빠졌다. 수학을 못하는 건축가란 있을 수 없었다. 결국 동국은 이과 공부가 자신의 적성에 맞지 않는다는 결론을 내려 버렸다.

결국 동국은 문과에 속해 수능시험을 치렀고, 수학과 과학 영역에서 만점을 맞았다. 자신 있었던 언어와 영어 점수는 형편없었다. 두 번의 모의고사에서 높은 수학 점수를 받았더라면 과연 자신은 건축가가 되어 있었을까. 동국은 피식 웃을 수밖에 없었다.

왜냐하면 그 모든 것의 우연들이 합쳐져서 자신은 부모님이 제발 그것만은 안된다고 머리를 싸매고 드러누우며 반대했던 철학과에 진학했기 때문이었다. 그러나 불행인지 다행인지 철학은 동국의 운명이었던 듯 동국의 모든 마음을 빼앗아갔다. 학문의 매력도 매력이었지만 사람들이 주는 매력에 동국은 푹 빠져버렸다. 좋아하는 선배들과 존경하는 선생님들이 있었다. 그들이 자신의 모든 것을 건 채 열중하는 것이라면 자신 또한 그것에 목숨 걸고 싶었다.

어쩌면 그 모든 것은, 사소한 점수 차이에 따라 절망하는 마음 약한 수험생의 관성처럼, 한 번 전공으로 결정된 것에 온 마음과 노력을 바치는 순박한 새내기의 열정에서 비롯된 것일지 몰랐다. 동국은 감히 후회한다고는 말할 자신이 없었다. 그 모든 것은 우연이었지만, 동시에 운명이었다.

새내기 시절 왜 동국대학교를 선택했냐는 물음에 동국은 이름 때문에요, 라고 농담처럼 말하곤 했다. 단 한 번도 우연이죠, 뭐, 라고 솔직하게 대답할 수 없었다. 자신의 그 물음에 명진은 집에서 제일 가까워서라고 대답했었다. 5자회의 누구도 자신이 서 있는 길, 가고 있는 그 길에 대해 투명하게 답할 수 없었다.

"너 지금 불안한 거지?

동국은 짐짓 미소 지으며 말했다.

"뭐가요?"

학림은 당당한 척 반문했지만 목소리는 떨리고 있었다. 아무것도 달라지지 않은 채 1학년이 끝나가고 있었다. 저물어가는 스무 살의 그림자에 그들은 떨고 또 떨었다. 같이 입학한 동기들은 토익이니 인턴 이력이니 하며 벌써 취업을 준비하고 있었다. 우왕좌왕 시끌벅적한 5자회의 멤버로 1년여의 시간을 보낸 학림이었다. 그러나 학림은 자신이 어른이 되어가는 데에 선배들이 결정적인 도움을 주리라고는 기대하지 않았다.

그리고 그것은 학림의 고민만은 아니었다. 필동과 금강도 눈을 동그랗게 뜨고 동국의 입만을 뚫어져라 쳐다보고 있었다. 동국은 천천히 입을 열었다.

"애들아, 이건 비밀인데…… 귀 대 봐."

동국은 필동, 학림, 금강, 명진의 머리를 한데 모았다.

"이건 정말 비밀인데, 사람만이 답인 거다."

동국은 평소에 그가 즐기는 선문답처럼 또 다시 알쏭달쏭하게 말하고는 빙긋 웃었다. 사실은 자신도 그 답을 찾아가고 있는 중이란 건 말하지 않았다. 너희들이 내 답이 되어주고 있다는 것도.

"에이. 오빠 또 시작이에요? 애들 잔뜩 심각한데."

명진의 즉각적이고 자동적인 반응에 새내기들도 따라 허탈한 웃음을 지었다. 어둠이 점점 짙어지고 있었다. 그러나 리얼 생존 동아리 5자회의 가슴속에는 어둠이 짙어질수록 밝게 빛을 내는 것들이 환하게 차오르고 있었다.

"형, 또 애들 홀리고 있었어요?"

정도가 어슬렁어슬렁 걸어왔다. 그의 몸피를 감싸고 있던 선득한 밤공기가 옹기종기 모여 앉아 있던 5자회 속을 파고들었다.

"여기 별이 얼마나 많은 줄 알아요? 같은 서울 하늘이라는 게 이상할 정도라니까. 동국이 형! 오랜만에 산에 왔는데 오늘은 우리 별 보러 안 가요?"

피식 헛웃음을 흘린 동국이 천천히 일어났다. 5자회 멤버들도 동국을 따라 일어섰다. 다 함께 더 높은 곳으로 올라가 별바라기를 할 태세였다.

"근데 상록이는 어딨어?"

명진이었다. 그제야 동국과 새내기들이 주위를 두리번거렸다.

"상록이 화장실 갔다 온다고 한 거 아니었어?"

모두가 자신만 바라보자 정도는 어정쩡하게 대답했다. 장난기와 미소가 사라지지 않던 동국의 얼굴이 심각해졌다. 동국은 평소답지 않게 재빠르게 튀어나갔다. 만약 방향을 잃어 엉뚱한 산길로 들어선다면……. 아무리 믿음직한 상록이라도 혼자서 산을 빠져나오기는 어려울 것이었다. 지금까지 작은 사고 한 번 치지 않던 상록이었다. 동국은 그 점이 더 염려스러웠다. 상록의 휴대전화는 꺼진 상태였다. 동국은 신중하지 못했던 자신을 책망했다. 어두웠던 상록의 표정이 자꾸만 떠올랐다.

"금강이랑 필동! 학림이랑 정도! 명진이랑 나! 이렇게 세 팀으로 흩어지자. 너희들도 너무 멀리 가지는 말고. 휴대전화 손에 들고 계속 연락해. 상록이 찾으면 즉시 전화하고!"

동국은 빠르게 걸음을 옮겼다. 바람이 찬데도 얼굴에서 땀이 뚝뚝 흘러내렸다. 명진도 동국의 옆에 급히 따라붙었다. 매사에 침착하고 능청스럽게 상황을 해결해나가는 동국이었지만, 후배가 사라진 순간만큼은 심각한 표정을 감출 수 없었다.

자꾸 나쁜 생각이 났다. 동국은 고개를 세차게 저었다. 서울의 별.

동국이 처음 서울에 올라오던 날 한참을 찾아도 보이지 않던 그 별이 동국의 하늘 위에 촘촘히 박혀 빛나고 있었다. 차가워진 날씨에 죽어가는 것들. 낙엽과 메마른 흙, 싸늘해진 바람의 알싸한 냄새가 동국과 명진의 주위를 감싸고 있었다. 동국은 오직 앞만 보며 걸음을 재촉했고, 명진은 동국과 그를 에워싸고 있는 주위의 풍광을 함께 둘러보았다. 상록은 보이지 않았다.

낙엽 밟히는 소리만큼 나직한 목소리로 명진이 속삭였다. 오랫동안 준비하고 있었지만 내뱉지 못하던 말이었다.

"어쩌면 나, 떠나게 될지도 몰라요."

동국의 머릿속에는 상록의 생각뿐이었다. 상록의 어두워진 표정이 지워지지 않았다. 동국은 명진의 얼굴을 바라보지 않았다. 명진 때문에 마음 아파하는 상록이 사라진 지금, 답이 될 수 있는 말은 없었다. 오랫동안 동국의 곁을 지켜온 명진은 묵묵히 앞만 바라보는 동국의 표정을 읽을 수 있었다.

"아니 뭐 멀리 가는 건 아니고. 교환학생 선정됐거든요. 어떻게 될지는 아직 잘 모르겠네? 헤헤. 나 없는 동안 오빠가 5자회 잘 지키고 있으라구요."

동국은 명진이 없는 5자회를 상상하기 어려웠다. 5자회 멤버들이 동국이 없는 5자회를 상상할 수 없듯이. 그렇지만 8년 동안 동국대학교에 다니면서 동국은 사람을 보내고 맞아들이는 일에 어느새 익숙해져 있었다. 자신이 군복무 중일 때도 학교는 잘 돌아가고 있었다. 선배들이 졸업하고, 그 빈자리를 새내기들이 채우고, 다시 누군가가 떠나가고……. 동국은 자신이 말린다고 해서 명진이 떠나지 않으리라고는 생각하지 않았다.

잠시의 헤어짐. 명진은 동국이 자신을 잡아주기를 바라고 있는 것일지 몰랐다. 명진 자신도 자신의 마음을 확신할 수 없었다. 그러나 동국의 어떤 대답을 기다리는 것만은 분명했다.

"명진아. 너 1988년에 무슨 일이 있었는지 아냐?"

"오빠도 참. 내가 올림픽도 모를까봐?"

"알프스에는 죽음의 벽이라고 불리는 곳이 있대. 수직으로 뻗어 있어서 세계 최고 난코스로 꼽히는 곳. 근데 우리 학교 산악부가 거기에 도전했다는 거야. 근데 처음엔 실패했다더라고. 너라면 다시 그 벽에 도전했을까?"

"그게 뭔 소리야. 당연히 도전하죠, 난."

"그 사람들도 너처럼 다시 도전했대. 그리고…… 등반에 성공했어. 나도 선배들한테 들은 얘기야."

"잘 됐네요, 성공했으니. 근데, 그래서 어쨌다는 거예요?"

"죽음의 벽이랬잖아. 성공은 했지만, 한 대원이 하산하던 중에 추락사했대. 친구를 잃은 거지. 근데 1988년에 그런 일이 있고도 산악부는 등정을 멈추지 않았어. 그리고 다시 4년 후에, 에베레스트에서 동료들을 잃었지. 추락사한 건 죽음의 벽 등반에 성공한 사람들이었어."

명진은 물끄러미 서서 동국을 바라보았다. 어느새 그들은 캄캄한 산길의 입구에 서 있었다. 어디선가 살려달라고 소리치는 상록의 목소리가 메아리가 되어 울리는 듯했다. 동국은 애써 생각을 지우며 어렵게 말을 이었다.

"아마 남은 사람들은 그러고도 다시 산에 올랐을 거야. 그 사람들이 왜 산을 버리지 못했을 거라고 생각해? 대학 단일팀으로는 최초로 히말라야 등정에 성공했다는 동아리의 이력 때문일까?"

"산이 좋아서 그런 게 아닐까요? 음. 나한테 연극이 그런 것처럼."

"난 우리가 같이 산을 올랐던 기억 같은 걸, 잊지 않았으면 한다. 그리고, 그 사람들이 평생을 두고 산을 찾을 수밖에 없었던 이유 같은 것에 대해서도."

동국은 생각했다. '젊음'이나 '열정'같은 말 따위로 가려지지 않는 자신들의 어떤 것들에 대해서. 호호할아버지가 되기도 전에 그것들을 잊게 돼 버리는 게 동국은 가장 두려웠다. 대학원생인 자신이 학문에만 몰두해도 모자랄 시간을 쪼개어 5자회의 후배들을 계속 만나고 있는 이유는 아마 그것들을 천천히 잊고 싶어서인지도 몰랐다.

스무 살. 볼에 젖살도 채 빠지지 않은 채 입학해서 선배들을 쫓아다닌 것이 동국은 그닥 먼 시간처럼 느껴지지 않았다. 그러나 동국의 나이는 이미 서른을 향해 가고 있었다. '죽어도 좋아'를 외치며 울고 웃고 사랑하며 지내던 시간이 모두 어렴풋한 시간의 기억으로만 남아 버릴 것 같아 동국은 자꾸만 뒤를 돌아보게 되었다.

"상록아! 최상록!"

명진이 커다란 목소리로 다시 상록의 이름을 부르기 시작했다. 평소에도 성대 관리를 가장 중요하게 여기는 명진이었는데, 목이 찢어져라 상록의 이름을 불러댔다. 흔들리는 감정이 쩌렁쩌렁한 목소리에 조심스럽게 감춰졌다.

'나는 오빠를 정말 좋아하니까. 평생 옆에 오빠를 두고 보고 싶은 사람이니까. 절대 마음 보이는 일은 없을 거예요.'

명진의 눈동자가 투명하게 부풀어 오르고 있었다.

"아직도?"
"형. 어떡하죠?"
"안되겠다. 너무 멀리 가면 너희들까지 잃어버려. 학교 쪽으로 내려가 있어. 명진이 너도. 일단 내가 한 번 더 찾아볼게. 걱정 말고 들어가."

동국은 후배들을 돌려보내고 혼자 산길로 들어가기 시작했다. 후배들이 있을 때는 내색하지 못했는데 자꾸 울컥울컥 눈물이 나려고 했다.

'소주 몇 잔에 벌써 취한 거야 뭐야.'

동국은 소맷자락으로 눈가를 훔쳤다. 자꾸만 나쁜 생각이 났다. 왜 진작 상록을 감싸주지 못했을까. 상록의 어두운 표정이 아른거렸다. 그때마다 눈물이 줄줄 흘러내렸다. 거대한 덩치에 눈물을 쏟는 꼴을 후배들에게 보이지 않을 수 있어 다행이었다. 땀과 눈물이 범벅이 되어 동국의 안경이 금세 뿌옇게 흐려졌다.

산은 생각보다 깊었다. 상록의 이름을 반복해서 외쳐 보았지만 대답은 들리지 않았다. 선득한 바람만이 동국의 뺨과 어깨를 매만져주었다. 후배들 앞에서는 당당하고 자신 있는 상록이었지만, 바로 그 점 때문에 자신의 어려움을 내색하지 않았다. 5자회의 씩씩하고 영민한 리더

상록. 동국의 주위에 울창하게 심어진 나무들의 틈새로 상록이 삐죽 얼굴을 내밀고 나올 것만 같았다.

어느 순간 동국은 더 깊은 산속을 헤매고 있었다. 라스베가스에서 빠져 나와 산길을 따라 올라갔던 것인데, 뒤를 돌아보니 길이 사라져 있었다. 손전등의 빛이 점점 희미해져갔다. 동국은 주위를 둘러보았다. 비슷한 간격으로 선 나무들, 바닥의 낙엽들이 방향감각을 희미하게 만들었다. 그러나 동국은 자신이 길을 잃은 것이라 생각하지 말자고 마음을 다잡았다. 어쨌든 지금 동국 자신은 상록을 찾아 구해주러 산을 오르고 있는 중이었다.

통화권 이탈.

동국은 급하게 휴대전화의 전원을 껐다 켰다. 그러자 휴대전화의 시각은 아예 정각에 멎은 채 흘러가지 않았다. 낙엽 밟히는 소리가 산중에 스산하게 울려 퍼졌다. 자꾸 불길한 생각이 들었다. 동국은 머리를 흔들었다. 처음 상록을 만난 날이 떠올랐다. 학부시절의 마지막 학기. 교양 철학 강좌를 수강하던 새내기였던 상록과 명진, 그리고 정도. 전공도 다르고 취미도 다르고, 철학에 많은 관심이 있던 것도 아니었는데, 팀을 짜서 과제를 진행한다는 핑계로 몇 번 만나다 보니, 어느새 매일 모여 시간을 보내는 리얼 생존 동아리 '5자회'가 이름만 없었을 뿐이지 이미 창설되어 있었다.

그중 상록은 훤칠한 키에 다재다능하고 무엇보다 컴퓨터를 잘 다뤄서 팀별 과제를 만들어 제출하는 데에 가장 큰 공헌을 했었다. 그렇지만 노랗게 물들인 채 일부러 부스스하게 만든 듯한 머리 모양은 영락

없는 새내기의 모습이었다. 집안 형편이 좋지 않은 상록에게 한 번씩 돌아가며 밥을 사주고, 서로 아르바이트 자리를 알아봐 주면서 5자회의 생존 능력은 놀랍도록 상승되어가기 시작했다.

그런데 요즘 들어 상록과 정도의 얼굴빛이 좋지 않았다. 둘 모두 자신의 속내를 스스로 털어놓지는 않는 녀석들이라 동국은 자꾸 마음이 쓰였다. 자신의 경험을 되돌려보건대, 아마도 군대 문제이거나 여자 문제이려니 생각하고 넘어가 버렸던 것이다. 상록을 찾으면 스토커처럼 매일 뒤를 쫓아다녀서라도 녀석의 고민을 들어야만 하겠다고 동국은 결심했다.

그때 호리호리한 상록의 뒷모습이 보였다. 숨이 턱 놓이는 듯한 기분이 들었다. 안도의 숨을 내쉰 동국은 상록의 이름을 불렀다. 그런데 어찌된 일인지 상록은 뒤를 돌아보지 않았다. 상록이 아닌가, 하는 의문이 들었지만, 깊은 산속에 있는 사람이라도 이토록 큰 외침에 뒤를 보지 않을 이유는 없었다.

멍한 상태로 동국은 그 사람의 뒤를 쫓기 시작했다. 어쩐지 그 사람은 동국의 걸음에 맞춰 속도를 조절하고 있는 것만 같았다. 동국이 가까이 다가갈 수 없도록, 그리고 동국이 멀어질 수조차 없도록. 시간의 흐름조차 느끼지 못하는 채로 동국은 홀린 듯이 그의 뒤를 쫓았다. 험하던 산세가 사라지고 길이 점점 넓어지고 있었다.

동국은 허파가 터져 버릴 듯 숨이 차오르는 것을 느꼈다. 그러나 걸음을 멈출 수는 없었다. 산짐승의 울음소리와 물 흐르는 소리, 바람에 긁혀 바스락거리는 낙엽 소리가 간헐적으로 들려왔다. 그리고 모두가 입을 모아 부르는 노랫소리가 조금씩 크게 들려왔다. 낭랑하고 투명한 목소리들의 합창이었다. 걸음을 옮길수록 그 소리는 가까워졌다.

"또 하루 멀어져간다. 머물러 있는 청춘인 줄 알았는데……"

그들이 노래를 부르고 있었다. 동국은 동상처럼 그 자리에 가만히 멈춰 서 버렸다. 결코 뒤돌아보지 않던 그의 얼굴이 희미하게 보이기 시작했다. 그는 원을 이룬 채 모여 앉아 노래를 부르고 있는 동료들 속에 끼어 앉았다. 그리고 이내 입을 모아 노래를 따라 부르기 시작했다. 그는 상록이 아니었다. 그러나 어쩐지 동국은 그들의 얼굴을 알 것만 같았다.

앳된 얼굴의 그들은 다정하게 모여 앉아 노래를 부르고 있었다. 동국은 몸이 떨려오는 것을 느꼈다. 어쩐지 눈물이 날 것만 같았다. 떨리는 몸을 이끌고 동국은 그들에게로 한 걸음씩 다가갔다. 몸이 떨리는 것은 두려움 때문이 아니었다. 그것은 반가움인 동시에 미안함이었고, 동국 그 자신의 스무 살 기억의 반응이었다. 동국은 점점 그들 가까이로 다가갔다. 이제 좁은 나무 사이를 지나면 그들과 함께 앉아 노래 부를 수 있었다. 동국의 육중한 몸이 좁다란 나무 사이의 틈을 서서히 비집고 들어가기 시작했다.

동국의 몸을 견디지 못한 나뭇가지들이 순식간에 우두둑 부러졌다. 겨우 나무를 통과한 동국은 그대로 앞으로 고꾸라져 버렸다. 동국은 바닥에 쓸리고 긁힌 상처를 느낄 새도 없이 고개를 들어 앞을 바라보았다.

둥글게 원을 지어 앉아 있는 무리가 보였다.

모두들 양볼 가득 상록이 사온 떡볶이를 넣고 우물대고 있었다. 5자회 멤버들이 얼른 일어나 넘어진 동국의 몸을 일으켜 세웠다. 동시에 금강이 막 먹으려던 떡볶이를 동국의 입에 밀어 넣었다. 떡을 씹으며 동국은 주위를 둘러보았다. 기억속의 그들은, 나직한 노랫소리와 함께 사라지고 없었다. 그리고 한참을 두리번거리던 동국은 활짝 웃고 있는 상록의 얼굴을 발견했다.

"최상록! 넌 정말!"

동국은 버럭 소리를 질렀다. 좀처럼 흥분을 하지 않는 동국이었지만, 그 순간만큼은 온 힘을 다해 상록의 목에 매달려 팔을 감아 당겼다.

"도대체 떡볶이를 어디까지 가서 사온 거냐? 신당동 떡볶이촌에 갔다 왔어도 그것보단 빠르겠다! 그리고 최상록! 어딜 가면 간다고 말을 해야지!"

"형, 정말 미안해요. 나 없어졌다고 형이 그렇게 눈이 빨개지게 울 줄은 몰랐지."

상록은 멋쩍게 웃었다.

"울긴 누가 울었다고 그래. 갑자기 너무 달려서 그런 거야!"

"우린 형이 하도 안 오길래, 산에서 조난당한 줄 알았잖아요. 떡볶이 다 먹고 구하러 가려고 했지."

"어쨌든 동국이 형 구조한 건 바로 이 몸 오필동이라구요."

"엥?"

모두들 뜨악한 표정으로 필동을 바라보았다.

"아, 서른 즈음에를 부른 가수 없었으면, 이 밤에 라스베가스가 어딘지 형도 헷갈렸을 걸요?"

상록은 캔커피를 꺼내 모두에게 나누어주었다. 따뜻하고 달콤한 커피가 목을 적시자 5자회 멤버들은 긴장이 풀려 몸이 순식간에 노곤해지는 것을 느꼈다. 5자회 중 가장 체력이 좋은 사람은 역시 스무 살 새내기인 필동이었다. 필동은 이제 산을 내려가자는 선배들의 옆구리를 쿡쿡 찌르며 밤새도록 수다를 떨었다.

"아 선배, 일어나요! 역시 엠티의 로망은 말이죠…… 그러니까 리얼 생존 동아리의 구조요원 오필동이…… 아니, 선배님들! 아직 새벽 다섯 시밖에 안 됐는데요! 좀!"

엠티의 마무리는 역시 자장면이었다. 새벽녘 정도네 학회실에 들어가 노루잠을 잔 5자회는 눈을 뜨자마자 동국의 얼굴만을 뚫어지게 바라보았다. 그것은 흡사 배고픈 새끼새가 어미새를 바라보는 눈빛이었다. 동국은 자장면이 아니라 탕수육도 사주겠다고 호탕하게 소리쳤다. 그리고 동국이 그들을 데려간 곳은 중국집이 아니라 다시 대운동장이었다.

"자, 다시 묵념. 감사하는 마음으로 말이야."

엠티를 떠날 때와 마찬가지로 그들은 향을 피우고 묵념을 했다. 좀처럼 묵념이 끝나지 않자 금강이 볼멘소리를 했다.

"아침도 못 먹고 배고파 죽겠어요. 이건 생존이 아니라 기아체험이에요."

명진과 상록, 정도가 동국의 눈치를 살피며 조용히 하라는 신호를 보냈다. 그러나 동국은 미소 지으며 대답했다.

"자, 이제 내려가자. 너네 군만두는 일인당 한 개씩인 거 알지?"

"어지러워서 헛것이 다 보여. 빨리 내려가요."

동국 자신도 아무것도 먹지 못하고 헛것을 보던 시기가 있었다. 자신의 인생에서 가장 행복할 것만 같았던 시기. 바로 대학 입학이 결정되고 새내기 오리엔테이션을 다녀온 직후부터였다.

새내기 모두의 스무 살 청춘이 열려 가던 때. 학생들을 싣고 학교 대운동장을 출발했던 버스가 그만 산중에서 전복되었던 것이다. 들뜬 마음으로 버스에 앉아 있던 학생들 대부분이 중경상을 입었다고 했다. 끝내 회복하지 못하고 세상을 등진 학생들이 있다는 얘기도 들려왔다. 그 아이들은 모두 동국과 같은 스무 살 또래들이었다.

동국은 그들의 얼굴을 알지 못했다. 아마 서울 어딘가를 지나가다 마주쳤을 수도 있었으리라. 그들과 동국은 어쨌든 동기였다. 전공이 다르고 일면식이 없을지라도. 어쨌든 사고였다. 한 달도 되지 않는 기간이었지만 동국은 거식증 증세를 보였다. 물도 잘 마시지 못했고 얼굴에 하얀 버짐이 피어올랐다. 그리고 그 해 입학했던 다른 새내기들처럼, 아주 천천히 동국도 그들을 잊어갔다.

다만 동국은 종종 그들을 보았다. 전공서적을 품에 안고 벚꽃이 흐드러지게 피어 있는 교정을 거닐며 활짝 웃고 있는, 자판기 커피 한 잔을 두 손에 그러쥐고 따뜻하게 한 모금을 머금고 있는, 영롱히 빛을 뿜어내는 연등 아래 나란히 앉아 수줍게 입을 맞추고 있는, 도서관 구석 자리에 앉아 공부를 하다 달콤한 단잠에 빠져든, 캄캄한 빈 강의실 어두운 책상에 턱을 괴고 앉아 연필로 꿈을 그리고 있는…….

그리고 1년이 지났다. 동국은 2학년이 되었고 새내기를 맞을 준비를 하고 있었다. 모두가 그들을 잊었다고 생각했다. 그러나 새터를 떠나게 될 즈음, 학교 건물 곳곳에 작은 분향소들이 세워지기 시작했다. 분향소 한 켠에 놓인 사진에는 그동안 동국이 보았던 얼굴들이 환하게 웃고 있었다. 동국은 사진들을 향해 싱긋 웃어보였다.

다시 새내기들이 들어왔고, 새터를 떠났다. 새터를 떠나기 전 새내기들은 대운동장에 모여 묵념을 했다. 이제는 사라진 선배들의 영혼을 위해서. 그리고 자신들이 얻게 된 두 몫의 삶을 기억하기 위해서.

동국은 이성과 합리, 완벽을 추구하는 사람이었지만, 그 헛것들을 부정하지는 않았다. 학교에는 여전히 그들이 살아 숨쉬고 있었고, 그것들은 어느새 그가 마음 깊이 사랑하게 된 동국의 일부분이었다. 그것은 매년 봄 청춘에 달뜬 모습으로 입학하는 새내기의 얼굴이었고, 동국 자신의 스무 살 뜨거움이기도 했다.

상록이 어두운 표정으로 사라졌을 때, 동국은 가슴이 내려앉는 것을 느꼈다. 아니라고 생각했지만 자꾸 나쁜 생각이 들었다. 자신이 그들을 기억하는 한, 사고는 반복될 수 없었다. 반복되어서는 안 됐다. 그리고 상록이 되돌아 와 앉아 있는 것을 보았을 때, 동국은 분노와 안도가 교차하며 솟구쳐 오르는 것을 느꼈다. 이제 그에게 5자회의 멤버들은 마냥 사랑하는 후배, 아껴주기만 하는 동생들이 아니었던 것이다.

'이런 걸 애증이라고 하는 건가?'

동국은 자장면 곱빼기를 30초도 안돼서 입 안에 털어 넣고는 입맛을 다셨다. 무사히 엠티를 다녀온 후 먹는 자장면 맛은 최고였지만, 단 30초 안에 끝나 버린다는 게 유일한 단점이었다. 그런 동국을 바라보던 상록이 자신의 자장면을 동국의 그릇에 덜어주었다.

"형, 저 군대 갑니다!"

자장면을 입에 매단 채로 5자회 멤버들은 상록을 바라보았다. 명진이 교환학생으로 선정되었다는 것을 상록은 이미 알고 있었다. 그래서 명진이 학교를 떠나 있을 동안 자신 또한 입대하기로 결정을 내린 것이다. 동국처럼 대학원에 진학할지, 취업을 할지, 결정은 2년 뒤로 미뤄두기로 했다. 말 못하는 자신의 짝사랑 또한 잠시 인생의 뒤로 미뤄두기로 했다. 조금 더 어른이 된 이후로.

"엇! 너도? 나도 학기 끝나자마자……."

엠티 내내 한숨만 푹푹 쉬고 있던 정도가 휘둥그레 눈을 뜨고 소리쳤다.

"아유, 귀 아파. 넌 5자회를 지켜야지. 가긴 어딜 가!"

"5자회는 동국이 형이랑 명진이가 지키겠지. 근데 상록아! 내가 너보다 좀 더 빨리 입대할 것 같은데? 에이. 나보다 군번 느려. 너, 내 밑으로 들어오기만 해봐라! 그냥 확!"

"확?"

"초코파이 사 준다고! 헤헤"

양팔을 머리 위로 번쩍 들었던 정도가 팔을 뻗어 옆에 앉은 상록을 힘껏 껴안았다.

"상로옥아. 우리 동반입대 어때?"

"징그러. 야! 춘장 묻어!"

필동과 학림은 선배들이 하는 양을 보며 서로의 자장면 그릇에 단무지를 얹어 주었다. 그러자 금강은 자신의 그릇도 내밀어 필동과 학림에게 단무지를 받았다. 그들의 젓가락에 묻어 있던 자장이 단무지 위에 거무죽죽하게 발렸지만, 금강은 아무렇지도 않게 오독오독 단무지를 씹어 먹었다. 예전의 금강이라면 절대 있을 수 없는 일이었다.

입맛을 다시던 동국은 결국 생양파 한 접시를 그대로 입안에 털어 넣었다. 알싸한 양파향이 콧속을 찔렀다. 눈물이 찔끔 날 것 같았지만, 그것은 순전히 양파 탓이었다. 억만장자와 힙합맨, 학자, 아티스트, 오드리 헵번, 과학자, 우주정복이 꿈이었던 일곱 청년은 서로에게 가장 좋은 사람이 되어 젊음 앞에 앉아 있었다. 시간이 더 흘러 누가 무엇이 될지, 어떤 삶을 살아가게 될지 어느 것 하나 확실한 것은 없었다. 다만 분명한 것은 서로로 인해 모두가 점점 좋은 사람이 되어가고 있다는 것뿐이었다. 이 모든 시간들을 기억하기 위해서 동국은 눈물 나게 맵싸한 생양파를 오래도록 꼭꼭 씹었다.*

---

* 임세화 2007년 제10회 창비신인소설상 수상

outro

서 정주 시인은 초록이 지쳐 단풍이 든다고 했다. 그러나 동국에게는 남산을 수놓은 저 단풍들이 한 생의 절정에 다다른 사람들처럼 숭고하게 여겨지기까지 했다. 잎사귀 하나하나 붉고 노랗게 물들기 위해 지난 계절들을 얼마나 뜨겁게 살았을까. 동국은 고개를 들어 팔정도 주변의 은행나무들을 보았다. 은행나무들 역시 제각각이었다. 이미 절정에 이르렀다가 잎사귀를 떨궈 앙상해진 나무도 있었고 비로소 절정에 다다른 듯 한껏 물들어 그 노란색이 주변까지 번진 나무도 있었다. 그러니까 단풍들도 일제히 타올랐다가 일제히 사그라지는 건 아니었다. 사람이 그러하듯 나무들 역시 저마다의 절정을 지녔다.

동국은 씁쓸한 기분이었다. 마치 저 단풍들은 사람의 육체적인 나이, 이십대라는 나이가 그이의 청춘을 보장해주는 건 아니라는 무언의 속삭임처럼 여겨졌다. 젊다고 해서 누구나 청춘인 건 아니다. 스스로 절정에 이르지 않는다면 가을이 깊어도 단풍은 좀처럼 찾아오지 않게 마련이니까.

　동악의 교정은 한층 성숙해졌다. 새내기들로서는 처음 맞이하는 교정의 늦가을일 테다. 겉으로만 봐서는 누가 새내기인지 구분하기 힘들 만큼 그들도 이 교정의 익숙한 풍경을 구성했다. 이제 저 친구들도 겨울방학을 맞으면 각자의 할 일을 찾아 교정을 떠나겠지. 선배가 된다는 호기심과 두려움이 교차하는 겨울일 테다. 새내기 시절의 순수함과 열정도 조금은 무뎌질 테고 다른 친구들의 눈치를 보며 취업공부를 시작할지도 모른다. 동국은 과연 청춘이라는 게 이처럼 속절없이 피었다가 지고 말아야 하는 것인지 알 수 없었다. 왜 우리는 좀 더 청년다울 수 없는 걸까.

　5자회 회원들도 바빠졌다. 동국은 눈으로 보지 않아도 알 수 있었다. 상록이와 정도, 그리고 명진은 기말고사를 코앞에 둔 터라 한눈 팔 새가 없을 것이며 새내기들인 금강, 필동, 학림이는 왜 자신들이 바쁜지도 모른 채 정신없이 지낼 것이다. 동국이 자신도 그랬다. 1학년 시절에는 모든 게 새롭고 낯설었다. 2학년이 되어서는 모든 게 진부하고 낯익었다. 시간이 마모시키지 못할 것이란 없다. 다이아몬드조차 세월이 흐르면 먼지가 되어 공기 중을 떠돌아다닐 것이다.

　그러나 시간조차 이것 앞에서는 무릎을 꿇어야 한다. 동국이 생각한 이것이란 바로 열정이었다. 졸린 눈을 비비며 등교하는 학생들, 밤이 깊도록 불이 꺼지지 않는 도서관과 연구실, 테이블이 있는 곳이라면 어디든 모여 머리를 맞댄 스터디팀들. 시간을 초월하는 방식은 단 하나, 그처럼 시간에 끌려다니지 않고 시간을 이끄는 것이다.

동국 자신도 다른 일에 신경쓸 틈이 없었다. 대학원 강의에서 발표란 학부 때와는 달라 매 순간이 석박사 논문을 쓰듯 긴장되고 힘겨웠다. 강의가 끝나고 방학이 시작되면 종합시험과 논문초록발표를 준비해야 했다. 그가 앞으로 지나야 할 시간들도 만만치 않았다. 그러나 각오했던 일이다. 그가 어떻게 견디느냐가 중요한 이유는 5자회 후배들이 그를 지켜보기 때문이었다. 학문의 길을 걷는 선배답게 흔들리지 않고 꿋꿋하게 살아야 한다는 다짐이 새록새록 솟아났다.

명진관에 들어선 동국은 사물함 앞에 몰려 있는 학우들을 보았다. 그때 한동안 잊고 지내온 옛일이 떠올랐다. 그의 얼굴이 붉게 달아올랐다. 언제였던가. 학부를 졸업하기 전이었던 것 같다. 짝사랑하는 여학생이 있었다. 동국은 그 여학생의 사물함에 매일 편지를 넣었다. 자신을 밝힐 용기가 나지 않아 익명으로 보낸 편지들이 매일 사물함의 좁은 틈새로 들어갔다. 다른 학생들은 그 사실을 잘 몰랐다. 사물함의 빈틈으로 A4 두어 장쯤은 들어간다는 사실을. 밤새 편지를 쓰고 이른 아침 텅 빈 명진관 복도를 살금살금 걸어 여학생의 사물함에 편지를 넣던 그 시절은 얼마나 갸륵했던가. 누군가 볼세라 서둘러 도망치듯 명진관을 빠져나올 때는 심장이 쿵쾅거리는 소리가 바로 귓가에서 들렸다. 동국은 자신도 모르게 슬쩍 웃음을 흘렸다. 그리고 중얼거렸다.

"왜 그런 생각을 미처 하지 못했을까."

금강은 숨을 헐떡이며 사물함에 다가갔다.

"오 마이 갓. 오늘 시험보는 과목의 교재를 두고 가다니! 정금강 너 어떻게 된 거 아냐?"

교재에 메모까지 해둔 터라 지난밤 내내 금강은 발을 동동 굴렀다. 어쩔 수 없이 동기들에게 문자를 보냈다. 뜻밖에도 한 친구가 시험 볼 내용을 정리한 파일을 메일로 보내줬다. 평소에 그리 친하게 지내던 사이가 아니었는데도 말이다. 덕분에 시험공부를 할 수는 있었다. 하지만 메모한 내용을 한 번 더 찾아봐야 했다. 금강이 사물함 문을 열자 무언가가 스르르 밖으로 떨어졌다. 중학생 시절 이후로는 한 번도 본 적이 없는 꽃무늬 편지지였다.

"웬 로맨틱 왕자님이냐?"

이렇게 중얼거리며 금강은 선 자리에서 편지를 읽었다.

"금강 보아라.(오 젠장, 구석기 시대 말투라니!) 날이 무척 춥구나. 멋 낸다고 얇은 옷 입고 다니면 감기 걸린다. 감기에 걸리면 내가 일러준 대로 대운동장을 다섯 바퀴만 돌면 된다. 땀을 빼면 감기따위는 금세 떨어질 테니까. 솔직히 말해서 처음 너를 보았을 때 나는 마음이 아팠다. 너는 한국이라는 나라에 조금 지쳐있던 게 분명하다. 자유분방한 외국에서 청소년시절을 보내다 돌아온 다른 많은 학생들이 그랬다. 한국의 교육풍토가 입시 위주다 보니 적응하기 힘들었을 테고 권위적이며 보수적인 교육방식에도 질렸을 게다. 대학이라고 들어와 보니 생각처럼 낭만적이지도 않고 오히려 통과의례처럼 치러야 할 일들이 많다는 사실에도 놀랐겠지.(이건 뭐 아주 족집게 도사잖아!) 나 역시 마찬가지였다. 내 청춘은 바로 여기 동국대학교 교정에 뿌려져 있다. 그런 까닭에 나는 이곳에서 고독을 배웠다. 하지만 금강아, 고독을 극복하는 방법 역시 나는 이곳에서 배웠다. 네 얼굴에 이따금 스치듯 머물던 고독을 엿볼 때마다 내가 새내기이던 시절을 떠올렸다. 네가 제 아무리 쿨한 척을 해도 그게 고독의 변주일 뿐이라는 걸 나는 알 수 있었다.(너무 뻔뻔한 거 아냐?) 외로워지기 위해 외로워하는 사람은 없다. 우리가 외로움을 견디는 건 우리가 행복해질 거라 믿기 때문이니까. 내 노파심이었을까. 지금 나는 너를 떠올릴 때 예전처럼 마음이 아프거나 답답하지가 않구나.(병주고 약주려는 거야?) 5자회뿐만 아니라 학교 생활에 열심인 너를 보니 내 걱정이 기우에 지나지 않았음을 알았다. 그러니까 너는 이미 알았던 거다. 문제가 생기면 회피해서는 안된다는 걸. 고독을 배운 것처럼 고독을 이겨내는 방법 또한 배워야 한다는 걸. 만약 네가 대학생활이 버겁다며 피했다면 지금의 너는 없었겠지. 내가 보기에 너는 훌륭하게 새내기 시절을 마무리하는 중이다. 자신이 진정으로 원하는 게 무언지 알기 위해서는 이것저것 다 해보아야 한다. 그런 점에서 볼 때 너의 호기심도 소중하지만 그 호기심만큼 열정적으로 실천하는 너의 행동력이 더욱 소중하게 여겨진다. 한 가지 비밀을 알려줄까? 굳이 누구라고 이름을 대지는 않겠다만 처음에는 너를 어렵게 생각하던 다른 녀석들도, 너를 별스러운 사람으로만 여기던 녀석들도 이제 너를 보는 눈이 달라졌단다. 아마 그 녀석들도 네 안에 감춰졌던 순결한 열정을 발견했던 게 분명해. ……내가 그랬던 것처럼 말이다.(사람 감동시키는 재주도 있네!) 지금까지 그래왔던 것처럼 서두르지 말자. 진실은 언젠가 드러나기 마련이고 진심은 언젠가 알아주기 마련인 거니까.

지금 네가 어떤 표정으로 이 편지를 읽을지 안 봐도 눈에 선하구나. 또한 무슨 말을 중얼거릴지도 안다. 오 마이 갓!(오 마이 갓!) 맞지? 잘생긴 백마 탄 왕자가 아니라서 미안하구나. 오늘 교양 한문 시험이지? 잘 치르길 바란다. 시험기간인데 교재는 가지고 다녀야지 사물함에 넣어둬서야 올바른 대학생이라고 할 수 있겠어?(이걸 어떻게 알았지?) 다 아는 방법이 있단다. 너의 대학생활을 이 신동국 오라버니가 늘 응원한다는 점만 잊지 말렴. 감기 조심하거라."

금강은 편지를 한 번 더 읽었다. 대학원생이 글씨가 이게 뭐야. 이렇게 투덜대기는 했지만 금강은 가슴속 깊은 곳에 자리잡았던 어떤 응어리가 풀리는 듯한 기분이었다. 금강은 꽃무늬 편지지를 곱게 접어 책갈피에 꽂았다. 그리고 마지막 점검을 위해 교재를 들고 빈 강의실로 들어갔다. 금강의 발걸음이 무척이나 가벼웠다.

필동은 늦잠을 잤다. 시계를 보니 시험시간이 얼마 남지 않았다. 게을러서가 아니라 밤새 공부를 한 뒤 잠깐 눈을 붙인다는 게 이렇게 되고 말았다. 학교 후문을 지날 때는 정신이 혼미했다. 어지러운데다 가파른 오르막길이라 더욱 힘이 들었다. 선배들의 충고가 떠올랐다. 밤새 시험공부를 한 뒤 등교했다가 계단에서 굴러 다치는 바람에 시험이고 뭐고 낭패였다는 웃지 못할 이야기들이 떠올랐다. 필동은 다리에 힘을 줬다. 간신히 시험시간에 맞춰 강의실에 들어가기는 했지만 생각처럼 문제풀이가 쉽지 않았다. 대학의 시험은 확실히 고등학교 때와는 달랐다. 단순히 외우고 익혀서 풀 수 있는 문제들이 아니었다. 추론하고 상상력을 발휘해야 했다. 하지만 밤을 샌 탓에 몽롱해진 필동은 문제에 집중할 수가 없었다. 결국 벼락치기 공부로는 좋은 성적을 거두기 힘들다는 진리만 깨닫고 말았다. 터덜터덜 강의실을 빠져나온 필동은 밤새 공부했던 게 억울하기 짝이 없었다. 어깨에 멘 가방이 천근만근 무거웠다.

"사물함에 넣어두고 밥이나 먹으러 가야겠다."

필동이 자신의 사물함을 문을 열었을 때 그 안에 낯선 종이가 있는 걸 보았다. 어라, 이게 뭐지? 필동은 닭살이 돋는 듯했다. 필체를 보니 동국 형이 분명했다. 필동은 복도 창가에 기대어 동국이 보낸 편지를 읽었다.

"사랑하는 필동아!(역시 징그러운 형이야.) 오늘 아침도 너는 늦잠을 잤겠지. 사나흘 절인 배추처럼 피곤에 절어 위태로운 발걸음으로 학교에 왔겠지. 시험기간인데도 아르바이트를 그만 둘 수 없는 너의 사정을 이 형은 잘 안다. 지난 주말이었지. 지인의 결혼식에 갔다가 피로연장에서 일하는 너를 보았다. 차마 나는 아는 체할 수가 없었다. 주말이면 그처럼 학비와 생활비를 벌기 위해 일을 한다는 사실을 알았지만 막상 내 눈으로 그런 너를 보니 무슨 말을 해야 할지 알 수 없었다. 내 서투른 위로가 외려 네게 상처를 줄 수도 있기 때문이었다.(쳇, 다 알면서.) 한편으로 돌아오는 길에 나는 마음이 뿌듯했다. 네가 누구보다 독립심이 강하며 다정다감한 녀석이라는 걸 알기 때문이다. 사실 조금 부럽기도 했다. 나는 새내기 시절에 너처럼 열심히 살지 못했다. 부모님께 등록금만이 아니라 용돈까지 타서 썼으니 말이다. 철학도라며 폼이나 재고 살았지 삶이란 게 무언지 직접 몸으로 느끼는 데 소홀했다. 철학도 그런 일상에서 발견하는 건데 나는 너무 머리로만 이 세상을 재단하려 했던 셈이다. 그래서 나는 부럽다. 너의 열정이 너의 성실함이. 설령 누군가 네가 학교에 지각한 걸 타박한다면 내게 말해주렴. 내가 버르장머리를 고쳐줄 테니까.(협박에 능한 건 어쩔 수 없군.) 하지만 필동아 이 형은 네게 한 가지 부탁이 있다. 꼭 한 번 수석을 해주렴.(뭐, 뭐, 수석?) 내 말을 오해하지 않기 바란다. 나는 꼭 '한 번'이라고 말했다. 졸업할 때까지 내내 수석을 해달라는 게 아니다. 학점에만 신경쓰는 범생이가 되라는 뜻도 아니다. 네가 열정을 가지고 이런 저런 일을 하듯이 딱 한 번만 공부에도 그만큼의 관심과 애정을 지니고 노력을 해달라는 뜻이다. 네가 많은 경험을 하면 할수록 너에게 도움이 되겠지. 그러니 수석의 경험도 한 번 쌓아보렴. 너라면 과수석이 아니라 전체수석도 충분히 가능할 거라고 믿는다. 빈말이 아니다. 주말이면 그처럼 힘들게 아르바이트를 하는데도 월요일 아침이면 누구보다 밝은 얼굴로 등교하는 너를 보면 그런 믿음이 생긴다. 네가 너에게 주어진 불리한 조건과 환경에 낙담하지 않고 그것들을 긍정적으로 바라보며 유리한 조건과 환경으로 바꿔나가기 위해 노력하기 때문이다. 수석해서 장학금 받으면 한턱 쏘기다!(목적은 바로 이거였군요. 그럼 그렇지!) 몸으로 겪는 경험도 중요하지만 지적인 경험도 중요하다는 걸 늘 유념하길 바란다. 특히 우리 학교 도서관은 전국 대학 도서관 중에서도 양질의 도서가 많은 곳이란다. 전국에서도 손꼽히는 도서관 가운데 하나지. 그 책들이 지금 너를 기다리며 안절부절못하고 있다는 소식을 들었다.(능구렁이 같은 동국이 형.) 이 형이 앞으로는 네가 공부하면서도 일을 할 수 있도록 근로장학생 모집에 관한 건이나 기타 다른 아르바이트들을 적극적으로 알아봐 주마. 물론 너 스스로도 잘 할 수 있겠지만 나도 무엇이든 네게 보탬이 되고 싶구나. 꿈을 위해 지금까지 분주하게 살아왔듯이 지적 편력도 마다하지 않는 필동이일 거라고 믿는다. 너도 조만간 선배가 되겠구나. 너의 후배들은 분명 네가 새내기 시절에 쌓은 경험들에 호기심을 보일 거다. 너는 이런저런 충고를 해줄 수 있을 테고 너처럼 경제적으로 어려워하는 후배들을 위해 아르바이트 자리를 주선해 줄 수도 있을 거다. 하지만 한 번 생각해보렴. 누군가 너에게 지적편력에 대해 조언을 구한다면! 그때 나는 미처 그런 경험을 하지 못했노라고 발뺌을 할 수야 없는 노릇 아니더냐. 겨울방학은 네가 그런 경험을 쌓기에는 아주 좋은 시기다. 관심사가 있는데도 어디부터 손대야 할지 모르겠다면 형을 찾아오렴. 그런 문제로 찾아온다면 언제든 대환영이다. 사랑하는 필동아, 행여 시험을 망쳤더라도 실망하거나 낙담하지 말거라.(으 감시당하는 기분이야.) 너의 가능성을 나는 언제나 믿는다."

필동은 사물함 문을 닫고 가방을 다시 어깨에 둘러멨다. 동국 형 때문에 쉬지도 못한다고 투덜대며 도서관으로 향하는 필동의 발걸음도 역시나 가벼웠다.

벤치에 앉은 학림은 심각한 얼굴이었다. 그 앞을 지나는 학우들이 학림을 힐끔 쳐다보았다. 이토록 추운 날 차가운 벤치에 앉았는 것도 그렇거니와 학림의 우거지상이 호기심을 불러일으킨 거였다. 학림은 고민 중이었다. 과연 시험을 치러야 하나 말아야 하나. 강의에 소홀해서

가 아니었다. 누구보다 열심히 수강했다. 다만 학림은 교수님의 시험방법이 마음에 들지 않았다. 이곳은 어엿한 대학이 아니던가. 그런데 교수님은 마치 고등학생들을 다루듯 했다. 시험도 마찬가지였다. 시험범위를 정해주고 외우라는 식이었다. 이래서야 어찌 학문의 요람인 대학이라 할 수 있을까. 그때 학림은 자신의 앞을 쿵쿵대며 지나가는 동국을 보았다. 뭐가 그리 급한 건지 학림이 손을 번쩍 들었는데 알아보지도 못했다. 학림은 동국을 부르려다 무슨 급한 일이기에 저럴까 호기심이 생겨 뒤따라갔다. 그런데 웬걸. 동국이 자신의 사물함으로 가는 게 아닌가. 뭘 또 훔쳐가려는 거지? 내 사물함에는 먹을 것도 없는데. 이렇게 학림은 혼자 생각했다. 동국은 가방에서 무언가를 꺼내더니 낑낑대며 사물함 틈새로 밀어넣었다. 얼씨구! 대체 뭘 하는 거지? 저게 내 사물함이라는 건 또 어떻게 알았지? 의문이 마구 솟았다. 낑낑대는 품이 우습기도 했다. 동국이 첩보원처럼 주위를 두리번대더니 반대쪽으로 달려갔다. 학림은 고개를 갸웃 기울이고 사물함을 열어 보았다. 꽃무늬 편지가 눈에 들어왔다.

"이게 뭐야? 편지잖아!"

삐뚤빼뚤한 동국의 글씨를 알아보려면 이맛살을 찌푸리지 않을 수 없었다.

"학림아 동국이 형이다.(네, 형인 줄 압니다.) 나는 여태 너처럼 쓸데없이 호기심이 많은 녀석은 보지 못했다. 아마도 너는 지금 시험을 치러야 할지 말아야 할지로 고민하고 있겠지?(뭐야 이거, 난 그런 말 한 적이 없는데 어떻게 안 거지?) 경의를 표한다. 아마도 그런 문제로 고민하는 동국대생은 네가 유일무이할 거다. 이건 진심이다. 네가 너를 둘러싼 제도에 의심의 눈초리를 보내는 것, 당연하다고 여겨지는 문제들을 의심하는 태도, 그건 내가 나 자신에게 바라던 자세이기도 했다. 나는 네가 고민이 많아서 걱정스러웠던 건 아니다. 적당히 인정하고 타협할 줄 모르는 네가 오히려 이 완고한 세계에 짓눌려 상처받을 게 걱정스러웠다. 그런데 이제 그런 걱정은 말끔히 지워내기로 했다. 어쨌든 지금 너는 죽지 않고 이처럼 살아 있지 않더냐!(대체 이게 무슨 논리야?) 기가 죽기는커녕 외려 더 쌩쌩하지 않더냐!

지난 일 년 동안 무척 즐거웠다. 어찌 보면 우스꽝스럽기도 했던 너의 호기심과 의문들이 사실은 지금의 너를 만들어 준 것일 테니. 우리가 안주하고 싶었던 현실이 과연 안주할 만한 가치가 있는 것인지를 되돌아보게끔 해주었으니. 너는 선배를 가르친 후배이기도 한 셈이다. 그런 너와 함께 했던 시간들이 내겐 무척 소중하다.

아마 너는 내게 조금 실망했을지도 모른다. 네가 질문했을 때 속 시원히 대답해준 적 없을뿐더러 때로는 대답을 회피하기도 했으니 말이다. 하지만 나는 노력했다. 내가 만약 너의 질문들에 마치 이것이 정답이라는 듯 무언가를 강요했다면 너는 너의 호기심을 쉽게 접어 버렸을지도 모른다. 나로서는 너의 길잡이 노릇에 만족했다. 네가 무엇을 하면 스스로 답을 구할 수 있는지를 일러주는 역할에 만족했던 것이다. (능구렁이처럼 책임을 회피하는 건 아니구요?) 너는 그런 내 바람을 저버리지 않더구나. 너는 스스로 문제를 구하고 스스로 해답을 찾아냈다. 물론 아직도 네가 고민해야 할 문제들이 많겠지. 예상치도 못했던 새로운 문제들이 또한 네 앞에 나타나겠지. 그러나 나는 믿는다. 아무리 어려운 난관에 봉착하더라도 학림이 너는 스스로 해답을 찾아내고 말 거다.

지금도 마찬가지다. 너는 관행이 되어 버린 시험제도에 회의를 느꼈을 테고 과연 그런 시험에 순순히 응해도 되는 건지 고민할 것이다. 나는 네가 전혀 쓸모없는 고민을 하는 게 아니라는 걸 안다. 그건 누군가 해야 할 고민이며 우리 모두의 의무이기도 하다. 말하자면 너는 동국인을 대신해서 그 많은 고민들을 홀로 감당하는 것이나 마찬가지인 셈이다. 다만 형이 바라는 게 있다면, 이제 그 고민들을 함께 나누자는 것이다. 너도 곧 선배가 된다. 후배들은 네가 겪었던 것과 똑같은 일 년을 보낼 테고 그때 무수히 많은 문제들에 부딪히겠지. 마치 네가 일 년 동안 그러했던 것처럼. 누구보다 많은 고민을 했던 너는 후배들에게 적절한 조언을 해줄 수 있을 것이다. 그때가 되면 너는 네가 혼자가 아님을, 너와 같은 고민을 하는 후배가 있음을 새삼 깨닫게 될 것이다. 그리고 너는 네 후배가 자신의 고민을 너와 나누기를 바라게 될 것이다. 무슨 말인지 알겠지? 나도 언제나 그랬다. 너의 고민을 내 고민처럼 받아 안고 너와 함께 아파하고 슬퍼하고 기뻐하고 싶었다. 그런데 어쩐지 그런 과정에는 좀 소홀했던 거 같지 않니?(가슴 한쪽이 뜨끔한 걸.) 물론 내가 부족했던 탓이라는 걸 안다. 그러니 이번 겨울방학에는 이 형에게 네 고민을 모두 털어놓으렴. 물론 공짜로는 안된다. 시험 잘 치르거라. 머리로만 생각하지 말고 직접 몸으로 부딪히며 느껴라. 모순은 그런 방식으로만 극복할 수 있는 법이니까."

학림은 시계를 들여다보았다. 아직 시험 시간까지는 여유가 있었다.
"쳇, 알겠습니다. 그러니까 어떤 문제가 있으면 회피하지 말고 정면으로 부딪혀보라는 거죠? 네, 네 갑니다. 시험 볼게요."

정도는 강의실 구석에서 시험공부에 열중하고 있었다. 누군가 그의 어깨를 툭 쳤다. 정도가 고개를 들어보니 같은 과 동기였다. 동기가 그에게 꽃무늬 편지지를 건넸다.
"자, 이거. 니 편지인데 내 사물함에 들어 있더라. 아마도 사물함이 붙어 있어서 편지 보낸 사람이 헷갈렸던 것 같아."
정도는 한눈에 동국이 보낸 편지임을 알아보았다.
"근데 너희는 남자끼리 이런 식으로 편지를 주고받냐?"
동기는 껄껄 웃더니 가버렸다. 정도는 얼굴이 화끈거렸다.
"요즘 나한테 관심이 별로 없더라니. 사물함도 헷갈리고 말이야. 근데 대체 무슨 편지람? 대책 없는 형인 건 알지만 편지는 처음인 걸."
정도는 책을 덮고 편지를 들여다보았다.
"정도야! 바람 속에 면도칼이 들어 있는 듯한 날들이다. 어느새 한 해가 저무는구나. 기말고사가 끝나면 너의 2학년도 끝나는구나.(이처럼 당연한 말도 형이 꺼내면 괜스레 겁이 난단 말야.) 너는 새내기때부터 진지하고 사색적이더니 2학년이 되어서도 별로 달라진 게 없더구나. 장하다! 나는 진즉에 알아봤다. 네가 초지일관하는 녀석인 줄을. 초지일관 재미없고 초지일관 진지하고 초지일관 뻣뻣하고…… 그래서 초지일관 새내기들에게 무뚝뚝하면 어떡하나 걱정이 되었다. 한데 이처럼 한 해를 마무리하는 시점에 이르고 보니 그런 내 걱정이 기우였음을 알겠다. 너는 초지일관 새내기들에게 친절했고 초지일관 자상했으며 초지일관 선배답게 행동했다. 때로는 너 스스로의 고민 때문에 후배들이 귀찮기도 했으련만, 때로는 관계를 끊고 스스로에 침잠하고 싶은 순간도 있었으련만, 너는 도망가지 않고 꿋꿋하게 네 자리를 지켜주었다. 장하다!(이 말도 두 번 나오니 왠지 놀리는 것 같잖아.) 나는 네가 너의 과에서도 훌륭하게 선배 노릇을 한다는 걸 안다. 어떻게 아냐고? 하나를 보면 열을 안다고 했다. 5자회에서 네가 그러했으니까 미루어 짐작할 수 있다.

아마도 2학년이 되어서 가장 힘들었던 건 진로였을 게다. 새내기 시절처럼 우왕좌왕하며 세월을 보낼 수도 없는 노릇이고 이제 평생을 바쳐 무엇을 해야할지 결정하고 그 일에 매진할 시기이니 말이다. 나도 너처럼 그 시절에 고민이 무척 많았다. 특히 군대도 다녀와야 했고 정말 내가 좋아하는 게 뭔지 확실하지 않아 스스로가 미덥지 못했다. 군대에 갔다와서 고민하면 되지 않겠냐고 말하는 사람들도 있지만 그처럼 질문을 유예하는 게 꼭 바람직하지는 않다는 걸 알았다. 언젠가 다시 맞닥뜨릴 문제라면 지금 이 순간 해결하고 넘어가자는 게 내 신조였으니까. 이런 사실을 내가 일러주지 않았는데도 너는 내가 기대했던 대로, 내가 바랐던 대로 한 해를 살았더구나. 비밀이지만 5자회 후배들이 너를 무척 좋아한다.(역시 형은 거짓말의 달인이야.) 넌 지금 거짓말이라고 생각할지도 모르겠다. 하지만 사실이다. 아마 무기명 인기투표를 하면 내가 일등이고 네가 이등일 게다. 나는 언제나 부동의 일등이니까 너무

서운해 하지 말거라. 나는 선배란 후배에게 가야할 길을 일러주는 사람이라고 생각하지는 않는다. 오히려 선배란 자신의 길을 묵묵히 가는 사람이라고 생각한다. 그래서 설령 가는 길이 다르더라도 자신의 길을 지키고 그 길을 걷기 위해 최선을 다하는 모습에서 어떤 귀감이 되는 사람이라고 생각한다. 정도야, 너는 그런 역할을 훌륭히 했다. 동아리 방도 없이 교정을 여기저기 헤매야 하는 우리 5자회의 닻이 되어 준 너니까 말이다. 칭찬에 익숙하지 않아 내 진심을 전달하는 게 여간 어려운 일이 아니구나.

며칠 전 네가 마스크를 한 채 지나가는 걸 우연히 보았다. 네 사물함에서 오른쪽으로 두 번째 아래로 세 번째 칸에 쌍화탕을 넣어두었다. 그 칸이 유일하게 빈 사물함이더구나. 오는 도중에 식어서 내 겨드랑이에 넣고 데웠다. 냄새는 나지 않을 테니 걱정하지 말고 마셔라. 너를 사랑하는 동국이 형이."

편지를 다 읽은 정도는 자신의 사물함 앞에 섰다. 그리고 오른쪽으로 두 번째 아래로 세 번째 칸에서 쌍화탕을 찾아냈다.

"냄새 안 난다더니."

정도는 코를 싸쥐고 쌍화탕을 마셨다. 감기 기운이 금세 사라지는 듯했다.

명진은 사물함에서 동국의 편지를 발견했다. 꽃무늬 편지지를 보는 순간 이런 짓을 할 사람은 동국뿐이라는 걸 알았다. 그렇지만 선뜻 편지를 읽을 엄두가 나지 않았다. 무심한 듯하면서도 다 꿰뚫어보는 동국이므로 편지에 쓰인 내용도 예사롭지 않을 게 분명했다. 명진은 내내 마음이 불편했다. 읽기 위해 편지를 들었다가 다시 집어넣기를 여러 번 되풀이했다. 명진은 이해랑 극장 앞 느티나무 아래 앉았다. 소슬한 그 자리에서 편지를 다시 꺼냈다.

"자칭 퀸카 명진 보아라.(이걸 읽어, 말아?) 너에게 하고 싶은 말이 있어서 이처럼 편지를 띄운다. 나는 언제나 너에게 감사한다. 해준 것도 별로 없는데 내 말을 잘 따라준 것도 그러하고 후배들 앞에서 나를 추켜세워 준 것도 그러하다. 그럴 자격이 없는데 너무 과분한 애정을 받았다. 네가 새내기일 때가 떠오른다. 이런 벌써 먼 옛날을 얘기하듯 떠올려야 하다니. 세월이 흐르면 지금 이 순간도 먼 과거처럼 여겨지겠지. 이처럼 우리는 매일 과거를 쌓으며 사는구나. 어쨌거나 새내기 시절의 너와 지금의 너는 무척 다르다. 너는 그런 사실을 아니? 너는 그때보다 더욱 성숙하며 더욱 아름다우며 더욱 착하기까지 하다.(무슨 비난을 하려고 이렇게 비행기를 태우시나?) 비행기를 태우는 게 아니다. 너를 비롯해 상록이와 정도와 세미나를 할 때 사실 나는 무척 고달팠다. 너희들이 마냥 어린애 같았다. 그런 너희들이 선배가 되어 제 역할을 잘 해낼 수 있을지 걱정스러웠다. 특히 명진이 너는 사람들과 어울리는 걸 즐기지만 세미나에는 시큰둥했기 때문에 더더욱 걱정스러웠다. 하지만 올봄이었지. 단역이나마 연극에 출연하게 되었다며 기뻐하던 네 모습이 눈에 선하다. 나는 그리 기뻐할 일이 아닐 거라 생각했지만 그때의 너는 빛이 났다. 어느 날 밤 나는 극장 앞을 지나다 열린 문틈으로 희미하게 빛이 새어나오는 걸 보았다. 그 시간에 누가 극장에 있단 말이냐. 호기심이 생겼다. 나는 보았다. 네가 홀로 단역을 연습하는 걸. 슬쩍 눈물이 나려 했다. 주연도 아니고 조연도 아닌 겨우 단역인데 그처럼 홀로 남아 연습까지 할 필요가 있느냐고 물을 수 없었다. 왜냐하면 그 순간의 너는 어느 때보다 아름다웠기 때문이다.

미안하지만 네가 그처럼 너에게 주어진 역할에 최선을 다했다는 사실을 5자회 녀석들에게 누설하고 말았다.(뭐, 뭐라고? 난 이제 어떡해.) 부끄러워하지 말거라. 모두 너의 동기이고 너의 후배들이 아니더냐. 녀석들 모두 감동한 눈치였다. 대학생활을 하면서 그처럼 감동받는 일도 드물 게다. 너는 5자회 녀석들에게 잊을 수 없는 소중한 기억을 만들어준 거다. 그래서 네가 더욱 고맙구나. 너는 우리들에게 열정을 잃지 않는 게 진정한 재능이라는 사실을 일깨워주었다. 이제 3학년, 곧 4학년. 그러면 너는 사회에 나갈 테고 네가 꿈꾸던 일을 하겠지. 오래지 않아 대학로에서 네 공연을 보게 되겠지. 그날을 기쁜 마음으로 기다리마."

명진은 눈가에 맺힌 눈물을 손끝으로 찍어냈다. 찬바람 탓이라고 애써 우겼지만 그래도 눈물은 자꾸만 흘렀다. 가끔은 힘이 들었다. 과연 내가 선택한 이 길이 내게 맞는 건지, 내게 재능이 있는 건지 의심이 들기도 했다. 그런데 동국이 그런 명진의 속내를 알아주고 위로를 해준 것이다.

"동국 오빠 고마워요. 그 말 잊지 않을 게요. 꼭 보란 듯이 멋진 배우가 되어서 우리 5자회 친구들 모두 초대할 게요."

자신의 사물함 앞에 선 상록은 사물함에서 뿜어져 나오는 불길한 기운 때문에 한동안 꼼짝도 못했다. 사물함 안에 무언가 있다. 이건 직감이었다. 사물함을 여는 순간 운명마저 바뀔 듯한 기분이었다.

"무언가 안 좋은 일이 벌어질 것 같은 이 예감은 뭐지?"

상록은 이렇게 중얼거리다 왜 자신이 그런 기분이 들었는지를 깨달았다. 사물함 틈새로 아주 조금 삐져나온 낯선 종이. 마치 사물함이 혀를 빼물고 메롱하는 듯한 모습이었다. 그를 사로잡은 불길함은 바로 그곳에서 기인한 것이었다. 그는 사물함 틈새로 삐져나온 그것을 손으로 쥐었다. 그의 손에 이끌려 나온 건 꽃무늬 편지지였다. 동국이 그에게 보낸 편지였다. 그야말로 정말 맙소사였다.

"5자회 회장님 보세요.(언제 형이 나를 제대로 회장 대접해 준 적 있어요?) 회장님 회장님 우리 회장님. 불충한 신동국이 이제야 회장님께 안부편지 올립니다.(소름이 돋습니다 형.) 네가 소름이 돋아 어쩔 줄 몰라하는 모습이 눈에 선하다. 평생 가봐야 이처럼 손으로 쓴 편지 받을 일 다시는 없을 테니 너무 못마땅해 하지 말거라. 학교에서 오랜 세월을 보낸 탓인지 이젠 눈을 감아도 네가 어디에 있는지 다 보인다. 학생회관에서 본관으로 향하는 동악로 비탈길을 걷는 네가, 팔정도 그네 의자에 앉아 사색에 잠긴 네가, 상록원 아래 쉼터에서 운동장을 내려다보는 네가 보인다. 우리는 그곳에서 5자회 모임을 갖곤 했지. 딱히 내세울 것도 없는 동아리이건만 지금까지 명맥을 유지할 수 있었던 데에는 네 역할과 힘이 컸다는 걸 안다. 겸손한 너는 지금 고개를 젓겠지. 가끔은 나조차 너한테 꼼짝 못할 뻔한 순간이 있었다. 무엇보다 네가 원칙을 벗어나지 않는 사람이기 때문이었다. 그래서였을까. 내가 5자회 후배들에게 넉살 좋게 행동할 수 있었던 것도. 사실은 너라는 믿는 구석이 있기 때문이 아니었을까 싶다.(진심이에요?) 지금까지 이런 속내를 드러내지 않은 건 너에게 너무 큰 부담을 주고 싶지 않아서였다. 특히나 너는 기초학문이 전공이지 않더냐. 입으로는 기초학문의 중요성을 말하면서도 정작 그 일에 종사하지는 않으려는 게 현실이다. 하지만 대학이란 바로 그런 다양성이 보장되는 곳이어야 한다. 관심을 기울이는 사람이 없더라도 사회에 꼭 필요한 학문이라면 누구라도 그 일을 해야 한다. 바로 상록이 너 같은 학생들에게 우리 사회의 미래가 달렸다.(형의 전공도 냉대받는 기초학문인 건 마찬가지잖아요.) 나는 네가 누구보다 5자회 일에 열심이었던 걸 안다. 그런 건 말로 한다고 해서 아는 것도 아니고 말하지 않는다고 해서 모르는 것도 아니다. 염화미소라는 게 달리 있겠니. 바로 네가 보여주었던 네가 지었던 미소가 염화미소가 아니었을까. 군대에 갔다오면 많은 게 달라졌겠지만 네가 사랑하고 아꼈던 5자회와 이 동아은 변함이 없을 게다. 너는 바로 이곳에 영원히 지워지지 않을 흔적을 남겼으니까. 아 참, 한 가지는 달라졌을 수도 있겠다. 명진이 말이다. 아마도 네가 은근과 끈기로 명진을 대한다면 그때 명진은 너의 여자친구로 너를 맞이할지도 모르겠다.(명진이는 형을 좋아하는 거 아니었나요?) 녀석, 나를 연적으로 생각했겠지? 명진이도 사실은 네게 마음이 있지만 미래의 배우라는 녀석이 사랑을 표현하는 데는 숙맥이나 마찬가지다. 그렇다고 해서 너무 빨리 다가갈 필요는 없다. 지금처럼 명진의 곁에서 네 자리를 지키기만 한다면 명진이는 반드시 너에게 마음을 열어 줄 게다. 나는 억울하다. 만약 내가 여자였다면 너에게 사랑을 고백했을 텐데. 그럴 수 없다는 게 천추의 한이다. 사랑한다, 상록아."

편지를 다 읽은 뒤에도 상록은 불안이 가시지 않았다. 하지만 편지를 읽기 전의 그와 읽은 뒤의 그는 확실히 달랐다. 천재도 아닌데 악필인 동국 형의 편지는 그동안 상록이 스스로 품었던 의문들, 과연 내가 5자회의 회장답게 살아왔는지, 연애를 할 자격은 있는지와 같은 질문들에 답을 해준 것이나 마찬가지였다. 상록은 피식 웃었다. 역시 동국형다운 편지가 아닌가. 그는 고개를 들어 명진관 첨탑을 올려다 보았다. 그 너머 하늘은 시리도록 맑았다. 여기 이곳에서 우리는 청춘이다. 그는 나직하게 중얼거렸다.

여섯 통의 편지를 쓴 동국은 힘이 쭉 빠졌다. 마치 여섯 통의 연애편지를 쓴 것처럼 가슴이 두근거리고 두 다리에 힘이 풀렸다. 편지를 받은 녀석들이 어떤 반응을 보일지도 궁금했다. 시큰둥할 수도 있었다. 그렇다 해도 상관없었다. 동국은 고백을 한 거다. 후배들을 향해 그동안 품었던 진심을 드러낸 거다. 그는 후배들의 이름을 하나하나 호명해 보았다. 입속에서 재채기처럼 튀어나온 그 이름들이 벌써부터 사무치게 그리웠다. 그가 부른 후배들의 이름은 그의 전부였다. 그가 바로 이곳 동국대학교에서 청춘을 보냈다는 걸 증명해주는 이름들이었다. 그는 어쩐지 가슴이 아렸다. 바로 여기 동악과 연애 중인 사람들이 그의 앞을 지나갔다. 저마다의 가슴에서 개인사의 한 장을 장식할, 그러나 나머지 모든 장과 바꾸어도 아깝지 않을 소중한 시절이 흘러가는 중이다. 아니 새겨지는 중이다. 그의 입가에 잔잔한 미소가 번져갔다. 그 미소는 그에게서 풀려나와 동악의 교정을 바람처럼 감싸고돌았다. 팔정도에 다소곳이 선 부처님의 미소처럼 온화한 겨울이 온다.[*]

소리질러

---

[*] 조홍규 2001년 작가세계 신인상 수상으로 등단, 만해문학상, 허명희 청년문학상, 제5회 제비꽃서민문학상 등 수상

소리질러

2010년 2월 18일 초판 1쇄 인쇄
2010년 2월 25일 초판 1쇄 발행

지은이 　박진규 외
펴낸이 　오영교
펴낸곳 　도서출판 한걸음·더

서울특별시 중구 필동3가 26
전화 02)2260-3482~3, 2264-4708
팩스 02)2268-7851
book@dongguk.edu | www.dgpress.co.kr
등록 2007년 11월 15일(제2-4748)

편집 　김윤길, 심종섭, 김덕희, 신진
마케팅 　김용구, 김용문
관리 　최옥향, 강정모
인쇄 　서진인쇄

ISBN 978-89-93814-18-7 (03800)

책값은 뒤표지에 있습니다.
잘못된 책은 바꾸어 드립니다.